独立日

The Road
To The Independence

在读 Reading

阅读，触及经典

在读 Reading 03

冒犯经典

魏小河 著

生活·讀書·新知三联书店 生活書店出版有限公司

魏小河

男，生于江西，现居深圳。喜爱阅读，业余写作。
一条未知终点的河。

著有《独立日：用一间书房抵抗全世界》，
《读在大好时光》。

轻触经典的石阶

张佳玮

这个时代产生了一种新的读者，姑且叫“娴熟的读者”吧。

纳博科夫在康奈尔时期认为，阅读也是要学习的。的确，普通读者在意的，是作者本身玩出的魔术，是作者散放的绚烂火花；进阶一点的读者，会在意技巧、布局、构思，甚或，如纳博科夫所言，寻找作者们的脉络，仿佛庖丁，目无全牛。

再娴熟一点的读者，大概便是——重新看到了书的全貌吧。

拥有“娴熟读者”这一技能的人，并不总是用X光般的剖析心情去看待一本书。只是每读一本书，自然带着先前所有的阅读经验——我们常开玩笑说，读了一本书，却记不住，留下来什么呢？答：“经验与感受。”

魏小河即是如此。

所以魏小河的这本书里大多数文字，自然带有这类气息：

你很知道，他读过许多书；你很知道，他表述的方式、思维的路数、在意的细节，与一般读者不同。你会发现，有些话未免冒犯经典——因为寻常的读书人，对经典的态度，是会更低一些的——但作为一个娴熟的读者，对经验则充满了好奇，仿佛看到宏伟建筑，并不先顶礼膜拜，而是想轻触一下那石阶，感受一下其实体。

这是年轻人应有的读书态度。

魏小河不是学院派评论家，也不能算是寻常读者，虽然他总是自称“普通读者”。因为学院派的评论家写的读书文字，多少带有医学解剖般的冷冽；寻常读者写的读书文字，笔端自然带有过于丰沛的感情。如何像高明的师傅似的，一刀切出馅料与面包完美齐全的三明治，既看得到作品的清晰剖面，又不会散呢？就需要魏小河这样的读者了——这并不是领导你去阅读，更像是，一份切割精美的午后三明治。告诉你，放松点，读书本身，哪怕是冒犯经典，都没那么让人紧张。

和小河一直算是笔友，还未见面，但读过他的不少文字，在此做个引读，文字本身的味道，还需你亲身感受。

目录

第一章　邂逅散文

第二章　坠入小说

第三章　追问世界

第四章　冒犯经典

第一章

邂逅散文

散文真正的好处，在于它抓住时间。那些放在记忆里会被吹散熄灭的故事与情绪，被文字定格下来，对自己是一种满足和交代，对他人，更是一处别样的风景。人与人，生活与生活，相同又不同，散文提供了这些微妙的差别，并且永无止境地持续下去。

小说过于炫目，诗歌过于凝练，唯有散文老老实实，谁都可以看，谁都可以写，它不会给你压力，轻轻邂逅，又淡淡离开。一个人生活中遭遇了事情，感念某个人，不大可能会写一篇小说出来，但提笔写一篇散文，则不难办到。

之所以在这本书重新发现，或者说再次邂逅散文，是因为虽然散文容易下笔，但要写得好，却并不简单。它需要文字本身的美感，需要作者在介入和审视生活之间找到平衡，需要作者直接面对生活、面对读者、面对自己。不宜无病呻吟，也不宜干枯无情。

这一章，我们就去看一看真正好的散文。

大树下随风闪动的光斑

《失败者之歌》
作者：李霄峰
出版社：上海三联书店

下午躺在床上读一本书，读着读着，天就暗了下来。这样一个下午，没有发生什么，到处都在发生什么。一些晦暗的情绪四下滋生，它们因书中的内容被勾引出来，盘旋在空中。书页翻动，前一种情绪被后一种情绪覆盖，像一片雪覆盖另一片雪，你逐渐分不清这一片雪和那一片雪的区别，它们融为一体，构成了这个下午。

这本书是《失败者之歌》，作者李霄峰。

李霄峰是去年上映的电影《少女哪吒》的导演，那是他的处女作。在此之前，他出版了这本书，准确说是2012年。再往前，他编剧并主演了电影《达达》，再往前，在那个互联网刚刚在中国发展起来的论坛时代，他以Liar这个名字发表影评，广为人知。

有人说，多读经典。这话不错，我也愿意听，但在这之外，我也喜欢看看这个时代里的文字，因为我活在此时此刻，我要和它发生关系。李霄峰是这个时代的人，他捕捉到了很多稍纵即逝的微妙感受，捕捉到了我们共同的青春。

是的，这是一本与青春有关的书。至少，一半是这样。青春啊青春，多好的一个词。但是电影院里并没有多少好看的青春片，书店里，在青春文学分类下，充斥着粗制滥造的泡沫幻想。

我说过，青春不能由青春期的人来写。要长大一点，再大一点，而后蓦然回首，幡然悔悟，这么写，才好看。可是长大成人后，还愿意回首青春，甚至写下来，并不多见。原因在于，长大并不完全是长大，它的实质是变化，你会变化，变化成另一个你。你会关心新的东西，认识新的人，展开新的生活，以至于没有时间回忆，或者不屑回忆。

关于我们这个时代的青春记忆，我看过路内的“追随三部曲”，他写得好，元气淋漓。我还看过维舟的《大地上所有的河流》，写高中，一个人一个人地写过去，散文的写法，传统的写法，也写得好，我们的高中生活，正是那样干净、清浅。

李霄峰写得不是那么实，他不抓出一整个故事，他呈现片段、情绪和感觉。全书的第一篇叫作《写一封短信》，很简单地记述他和一个曾经互相通信的女孩之间的交往，初中、高中、大学、毕业、工作，然后“再也找不到联系的理由”。

写这篇文章，我又翻了一下这本书，发现真正写青春期的故事并不多，但是奇怪的是，读这本书的时候我一直感到一种青春的力量。我在上一本书《读在大好时光》里写《少女哪吒》那篇书评的时候，取的标题是“不要背叛青春”。我说：“青春少年都勇敢，他们相信‘要诚实地活’，他们相信友情、爱情，相信永恒的价值。因为相信，所以元气充沛。”

李霄峰的这本书里，既有对这种青春信念的怀念，也有对这种信念消失的困惑和失落，但根本上，你可以看到，他仍然保持一颗赤子之心。

我喜欢《税务员》这个故事。故事很简单，他开公司了，要办税务登记证，税务员来检查公司的情况，他在想是不是要准备一个红包，他准备了，但是踌躇于该什么时候送。一切都没有问题，检查结束，他们聊到电影，税务员问你喜欢哪个导演？他心想，说了你也不知道。但很快他发现，这个税务员是个懂电影的人，他们愉快地聊了一会儿伯格曼。最后，在分别的那一刻，他伸手进口袋准备掏出那个红包，税务员摇摇头，返身走了。他感觉到自己犯了错。

我还喜欢一篇叫作《礼物》的小说。姐姐和表弟收拾房间，一间空了的房间，曾经姐姐和男友住在这里。姐姐一边收拾，一边想起男友的不好。懒——不烧水、不洗碗，诸如此类。很明显，打扫完房间，他们会把有用的东西搬走，再也不会回来。

故事的结尾，他们抠开了一块松动的地板：“鹅黄色的木地板像块积木被抠了起来，木槽里放着一根被画笔粉刷过的彩色羽毛。姐姐把它拿起来看着出神，眼泪啪嗒啪嗒地掉下来，落在干净的地板上。”这个故事很有卡佛的味道，那些失去的美好。

这本书分为两个部分，前半部是随笔，后半部是小说。

小说的部分参差不齐，有一些实验式的作品，但文字的素质在。随笔里，作者这个人清晰起来，他曾经酗酒，他诚实，他感受到许多感受，并且不忘怀。多好，总有人替我们记得。

这本书，就像是夏天大树底下随风闪动的光斑。

散文的人间烟火

《旧人旧事》
作者：汪曾祺
出版社：江苏文艺出版社

这两日在读一本散文集，汪曾祺的《旧人旧事》。

我是爱看散文的。不过我也认识一些人，他们看书但是不看散文，觉得无聊、浪费时间。我认识另一些人，他们看书，却不看小说，也是觉得无聊、浪费时间。当然，还有一些人不读诗，读不懂，当然就更觉无聊，更浪费时间。我自己不读成功学的书，也是因为觉得它无聊且浪费时间，或者更准确地说，认为没有价值。这是个蛮有意思的问题，我们可以讨论讨论。

先放大一点：读书有没有价值呢？

咱们都认同读书有价值，否则也不会从小学到大学一直抱着课本了，人类文明至此，可不就是靠着书本传递下来的吗？

那么，把范围缩小一点：文学有没有价值呢？

这一回，肯定有很多人会投反对票。我遇见过许多人对此持有疑问，他们的问题是：读书有没有用？但其实他们想问的是读文学书有没有用，只是没有把这两者区分开。那么，读文学书到底有没有用？

有人说，读书可以使人的容颜发生改变，这一说法吸引了不少女同学，其实是夸张，人丑还是丑，读书在这方面没有手术刀好用。这一说法实际的意思是，读书会陶冶情操，让人的样貌镀了一层膜，会发光，但这也存疑。

另外有人说，读书可以丰富我们的生命，一种是视野上的，虽然没有出门，但是已周游天下；一种是内涵上的，遍历各种人生、故事，人的心会变得更厚，情感更细腻，更懂得美，也更知道善。

我说，文学可解我的孤独，这也是一着大用。

各种说法还有许多，看来文学是有价值的。我们假设先同意了这一点，那么，范围再缩小一点，散文价值何许？

相比小说，散文地位低微。大作家的代表作几乎都是长篇小说而不是散文，小说的虚构，让读者更容易体会到激情，散文则比较困难，特别是那些专注于花鸟虫鱼的闲适散文，有什么用？

我曾回答过这个问题：散文真正的好处，是在它抓住时间，那些放在记忆里会被吹散熄灭的故事、情绪，被文字定格下来，从时间的河流中提取保存，脱离控制，对自己是一种满足和交代，对他人，更是一处别样的风景。人与人，生活与生活，相同又不同，散文提供了这些微妙的差别，并且永无止境地持续下去。

这段话，更多着眼在写作的那一方，叙事记人，抒情状物，都是抓住时间的手段，这对于写作者当然大有意义。

那么，对于读者呢？

我以为，一方面是内容本身。比如经由写吃的一篇文章，知道了一种食物、一种做法，或者由一篇忆旧文章而知道了一个人，我们对这世界好奇，会为许多新鲜事而兴奋。另一方面是语言，文学语言本身即是内容，语言中，有美，而我们渴求美。可以拿绘画做个类比。一幅凡·高的《向日葵》放在我们眼前，好漂亮，向日葵是很简单的内容，凡·高的笔触、用色是展现这个内容的形式（语言）。当我们看到这幅画，我们不可能只看到向日葵，而看不到形式之美。

文学也是一样，欣赏文学，不仅是欣赏内容，也欣赏形式。所以，看散文，很重要的一部分，和读诗一样，是读语言。语言不一样，写出来的东西就不一样。汪曾祺的语言就很不一样，曾有评论家说，汪曾祺的语言很怪，拆开来没什么，放在一起，就有点味道。他的句子大都平实、朴拙，文字直白平淡，像在水里洗过一样，干净。这正是他语言的特色，语言不同，呈现出的美感也不同。鲁迅的语言和汪曾祺的语言就很不同，鲁迅像山，奇险的高山；汪曾祺像水，江南的秀水。

但在读完了《旧人旧事》之后，我发现，在这所有之外，还有一层更重要的东西，那就是人——作者。小说的作者和小说是可以分开的，但是散文作者和他的散文是一体的。我们通过一个人的散文，会在很大程度上认识这个人，读得越多，认识得越深。于是，他成了你的老师、朋友，可以充分沟通，并且永远不会消失的朋友。

我喜欢散文，是因为我喜欢人，喜欢生活，喜欢人间烟火。当然，我喜欢汪曾祺这个老头儿。

不要忘了你曾是只毛毛虫

《学飞的盟盟》
作者：朱天心 文　谢海盟 绘
出版社：上海人民出版社

人也像毛毛虫一样，会结茧，会从柔软的皮肤里长出翅膀，然后等待有朝一日，振翅飞到天上去。这听起来像成功学或者心灵鸡汤的说辞，却实实在在每天都发生在我们身上。也许你自己不觉得，但是把时间拉长一点看，一个人不论是外貌还是心智，都发生过翻天覆地的变化。

不知道蝴蝶还记不记得自己毛毛虫时期的样子，我反正把过去忘掉了一大半，就是问我去年发生了什么，我一时也说不上来，如果问到小时候，我是怎样从一个“爬行动物”学会走路的，怎么学会说话的，怎么去上幼儿园的，我是一点也不记得了。就连我小时候的样子，我都毫无印象。如果你拿一张我两岁的照片给我看，我一定不会相信那个傻乎乎的小娃娃就是我。

我时常觉得很可惜，那个小孩就这样消失了，他变成了我，可是我一点也不了解他，他有自己中意的天地，有自己的兴趣和梦想，现在我霸占了他的身躯，他的一切都烟消云散了。

小时候会担心爸爸妈妈是不是被外星人调换了，哪晓得，其实我们自己也逃不过被调换的命运。

在成人看来，孩子的世界实在没有什么价值，也许有一些趣味，但不重要。一个孩子小心养护一只蝌蚪的心思，当然不能和一个大作家获得诺贝尔奖的感言相提并论。假使孩子们也有本领办报纸，不知道头条都是什么内容呢？不过他们一定觉得办报纸、看报纸都太无聊了，不如直接出去玩来得快活，所以很可惜，我们很难了解小孩子的世界，因为他们像古代的哲学家一样，是不著书立说的。

想要了解孩子的世界，就像要了解非洲原始土著的生活一样困难。这时候，有一些“人类学家”可以帮上一点忙，台湾小说家朱天心就是这样一个“人类学家”，她在20世纪90年代写了一本书，叫作《学飞的盟盟》，写的是她和女儿谢海盟的日常，那时候谢海盟刚刚上小学，这位“人类学家”妈妈答应给一个报纸写专栏，借此记下了不少“田野调查”的结果。

让我简单来介绍一下盟盟吧。她是一个小女孩，性格比较害羞，由于是独生女，平时并没有什么玩伴，但是她一个人也可以自得其乐，并且她还非常好学，她有时候学习飞，有时候学习游泳，有时候挖一个洞穴穴居起来，有时候也到山坡上去骑马。她认得很多植物和动物，有时候自己也会变成动物，比如说一只小羊，或者是一只鸟，她有很多神通，会画画，还会讲故事，当然她也是探险家，她的口袋里永远有各种各样的宝贝，一根鸡毛，或者一块好看的石头，和所有小孩子一样，她也是哲学家，会不小心揭示一些真相。

朱天心说，这本书不是关于如何教养小孩的书，千真万确，这是窥探小孩世界的书。我喜欢读这样的书，读多少都不够，因为我总是对那个世界充满好奇，或者说眷恋，我有时候会试着和孩子做朋友，但是他们并不喜欢带我玩。

去年侯孝贤导演的《刺客聂隐娘》上映，谢海盟已经从一个学飞的盟盟变成编剧了，换句话说，她也从毛毛虫变成蝴蝶啦。没错，每一个毛毛虫都有变成蝴蝶的那一天，但是千万别忘了曾经有过的那个毛毛虫啊。

为何爱看老照片？

《当历史可以观看》
作者：冯克力
出版社：广西师范大学出版社

最近一部叫《北京的星期天》的纪录短片引起了很多人的兴趣，这部1956年上映的法国纪录片实际上并没有什么特别的内容，只是导演拿着摄像机在北京城里瞎转悠拍下的一些画面，配合着它略带吐槽口吻的旁白。

如果他拍摄的是2015年的北京，当然就不足为奇，但这部短片里的影像是20世纪50年代的北京，一座还没有被高楼大厦占领的北京，一座无数人怀念而又永远消失的北京，仅此，就可以让无数人动容。

在这部影片里，影像最原始的记录功能凸显出来，它是一段时间的切片。同样拥有这一神奇法力的还有照片。十几年前，每家每户几乎都拥有自己的家庭照相簿，存贮着这个家族的记忆。当我们重新翻看那些泛黄的照片时，你会感到一种淡淡的忧伤，那是时间的味道。

而照片不止一种，我们日常拍照不过是为了记录自己的生活，但还有一些专门的摄影师，他们为杂志拍照，为报纸拍照，为他们心中的某些理念拍照。他们之中有人跻身艺术家之列，照片被放大挂在美术馆里展览。

那些照片和我们日常所拍摄的照片到底有什么不同？

当然，最明显的是技术水平的高低，如何用光，如何构图，如何正确地曝光，都需要练习掌握。虽然在科技的帮忙下这些技巧已经越来越简单，但是专业就是专业，同样的场景，你拍的就是没有摄影师拍得好看，这没有办法，一分努力，一分收获，总是如此。

除此之外，我以为最重要的是摄影师的自觉，摄影师心里有底，心中有念想，这张照片我是要作为作品留下来的，这个主题是我需要用照片去表达的，他们按下快门也是拍下一张照片，但又不仅仅是一张照片。

摄影家奥古斯特·桑德在20世纪初拍摄了各式各样的德国人，他试图通过照片记录下社会百态，尽可能拍下各种各样的典型人物。他起初计划拍摄六百张人像，可惜“二战”爆发后未能完成，但是他的照片已经为他留下了不朽名声。假如他并没有这样的计划，想要去拍摄“20世纪的人”，那么不论他的技巧如何高超，也拍不出这些照片。同样地，美国摄影家戴安·阿勃丝一直在拍摄各种边缘人、畸形人，她的照片给人很强的冲击力。毫无疑问，她是有意去拍摄并发现他们的存在，这样我们才通过照片看到了他们。

如此种种，有艺术追求的摄影家可以名留青史，但我们的家庭照相簿却只能随着时间归于尘土。除非它还能有一些别的作用，比如像《北京的星期天》那样直接呈现历史，重现一些“已经消失的景观”。

在中国，冯克力先生主编的《老照片》可以说达到了这样的作用。在这本杂志里，不仅有难得一见的国家历史现场，更有许许多多的私人史、家庭史。苏珊·桑塔格说：“所有的照片，都会由于年代足够久远而变得有意味和感人。”如果你看过《老照片》，便会对这句话感同身受。

《老照片》中的照片并非都由专业的摄影师拍摄，拍摄的目的也未必是为了登报，很多照片都属于家庭照相簿范畴，但是在这些家庭照相簿里，你恰恰看到了历史的细节，就像我们在正史之外需要野史，在宏大叙事之外，需要私人化的历史叙述，这些老照片，让历史进入生活，可以辨认，可以观看，仅此一重意义，便使这些照片焕发出新的生命力。

老照片得以重现意义，自然离不开冯克力的决心和努力，近日读毕冯著《当历史可以观看》，看到了许多故事和照片，还有一些刊发这些照片背后的故事，书虽小，照片也是老的，但沉浸在历史和生活的交界处，却也是一件乐事。

父母继续衰老，我们继续漂泊

《山中的糖果》
作者：邓安庆
出版社：人民文学出版社

看《打工女孩》，除了现实生活里的艰难奋斗，印象最深的是她们内心深处的孤独和迷茫——她们都知道，一出来就再也回不去了。看《出梁庄记》，梁鸿不仅记录了长辈们的打工状况，也涉及好几个“80后”的年轻人，他们住在城中村，买不起房，做着白领工作，看起来充实，但停下来时，仍然迷茫。他们都说，不会再回去了。

每次看到这些文字，都会想到自己，因为我也属于这一波漂泊者。我们这一代人不像父辈，他们从村镇里走出来，是为了养家糊口。在外面打工十几年，到最后终究是要回去的。而我们从来没有想过要回去，知识结构、视野和生活习惯都在潜移默化中和父母产生距离，虽然在城市里很难扎下根来，但要回到老家乡下，已是万万不可能。往大了说，这当然是城市化进程中不可避免的阵痛。一代人的漂泊，可以用“人口流动”四个字来代替。在这样的宏大叙事里，我们不会了解一个家庭具体的矛盾，不会知道一个人内心深处的孤独，而这一切，都是实际存在的。

我常说，时代比人大。从战争到革命，从各种政治运动到经济发展浪潮，个人总是在时代的大浪中沉浮，渺小得很。漂泊和无根的状态，是我们这一代人的浪，沉沉浮浮，逃不掉。

因此我想，许多有着同样背景的年轻人，都会喜欢邓安庆的这本《山中的糖果》。他几乎毫无保留地将自己的生活用文字记录了下来，他记录了乡村，也记录了城市，记录了已经逝去的，也记录了正在消亡的，更重要的是，他记录了许多人，以及他自己。他并不只是一个人，当他写下回乡时刻，与父母的疏离，乡村的凋敝与陌生，很多人都在文字中被唤醒。

邓安庆是湖北武穴人，1984年出生在一个叫作邓垸的村落，家门口就是长江。他在这里长大，一步一步走出去，上学，工作，在不同的城市间流徙，顽强地建立起自己的文学世界。他不具有什么特殊性，他就是一个普通人。也正因此，这本书更具代表性。

《山中的糖果》包括“亲人记”“世间记”“回乡记”三个部分。

“亲人记”主要写老家的亲人，包括姑姑、堂姐、表哥，以及一位邻居仙芝，这一部分是属于过去的，但不完全是记忆，是从过去延展到现在。在邓安庆流动的叙述里，我们看到了几个人的成长和变化，这一辑中，《姐姐们》一篇分量最重，也最深厚。

《姐姐们》分别写了三个堂姐。三个人，性格各异，如今的生活也各不相同，但小时候，他们都是和邓安庆一起玩耍的。现在，她们都走向了自己的人生，各自的交集越来越少。在关于三个姐姐的叙述中，有一个避不掉的因素反复出现——性别。因为是女孩，三个姐姐的人生受到了各种限制，特别是三姐，即使成绩很好，还是放弃了继续读书的权利，这一放弃，人生的走向就大不相同了。

在这些文章里，总是会看到一些自鲁迅时期起就被广泛批判的国民性，时至今日，仍然无改。当这些东西像一颗颗石头，将一个人的生命砸得乱七八糟时，谁也看不到希望。

“世间记”范围扩大，不仅有老家邓垸的人，也写到外面的生活，比如《合租》，比如《快餐店里的日与夜》。邓安庆还是写人更好看，他写得有点“笨”，文笔不“突出”，但是扎实，一字一字垒起来，人的性格、情感都出来了。

在这一辑里，《白云》一篇令人印象深刻，白云是一个老奶奶，一个几乎已经被作者遗忘了的邻居，这次回家听闻白云奶奶去世了，才又勾起了作者的记忆。这是一个很神奇的老奶奶，在乡下，几乎没有人会看书，但这位白云奶奶却藏了一箱子书，《红楼梦》看过二十几遍，家里还有托尔斯泰等俄罗斯文学。原来这位老奶奶以前也是读过书的，因为家里是地主成分，不给读了，他爸爸也在“文革”期间给斗死了。时代的力量，总是隐隐显现，你仔细去瞧，它又退隐到深处。

“回乡记”很明显，写的是回乡，日记体，一次过年回家的记录。这篇文章的体温和前面所有文章都不一样，前面那些写亲人写邻居的文章，大半是在记忆里打捞，人写起来是暖的，到《回乡记》完完全全的现实，而且是自己，一下子温度就降了下来，像结了冰。

这次回乡，有两条主要的线索，一条是逼婚，一条是父母为了和二伯父家较劲重新盖了一栋房子，欠了不少钱。正如作者说的，“每一次回家都像是一次告别”。陌生感，疏离感，记忆里的温情，现实中的支离破碎，都在一天天的日子里显现出来，像一张网，把人网住了。

所以，看邓安庆的这本书，心情复杂，一方面是散文好，一方面又常常想到自己。我们这些漂泊者，父母那一辈留守者，似乎就这样在长长的时间里无法互相抵达了。

自由呼吸的空间

《寻找家园》
作者：高尔泰
出版社：北京十月文艺出版社

《寻找家园》几年前看过，记得文字好，人生大开大合，慨叹不已，但那时对各种运动究竟不怎么熟悉，囫囵吞枣过了一遍。这两天重读，震动很大。

《寻找家园》是回忆录，也是散文作品，全书分为三卷，一卷“梦里家山”，从少时写到二十岁艺专毕业；二卷“流沙堕简”，全书最吃重的部分，记述了反右、“文革”等多次运动中的遭遇，以及一路上相识相逢的人。此卷浩浩荡荡，一篇篇下来，高尔泰从二十岁的少年，变成了白发满鬓的中年；三卷“天地苍茫”，写“文革”之后，高尔泰去北京，回兰州，又至成都、南京，莫名入狱，最后漂泊海外的经历。

高尔泰1935年出生于江苏高淳淳溪镇，不久抗日战争全面爆发，全家逃难到乡下，八年之后，复归旧镇。高尔泰喜欢画画，但在学校里成绩不大好，十四岁去苏州美专上学，后又转学至正则艺专，这已经是50年代初期了。学校里的气氛大为变化，集体至上的压力让他喘不过气来，临近毕业，他又第一次尝到政治运动的滋味。

1955年，艺专毕业，高尔泰被分配到兰州郊区的一个中学里教书，很忙很累，生活单调，“不明白为什么自己的命运，要由一些既不爱我，也不比我聪明或者善良的人们来摆布”。那时候他大概还没有想到，前面还有好几重大劫正等着他。

1957年，他发表了一篇名为《论美》的文章，认为美是主观的，那时候正好是“大鸣大放”时期，此文引起了一系列的讨论，终于风向一变，被打成右派，勒令他西去夹边沟农场劳教。劳教和劳改不一样，劳改是判了刑的，到了时间就可以释放。劳教则没有刑期，口径是“什么时候改造好了，什么时候出去”，至于什么是改造好了，又由谁来判定是否改造好了，就不知道了。

关于夹边沟，杨显惠写过一本《夹边沟记事》。翻开那本书，惨不堪言，1960年饥荒让夹边沟死了一半人，其中求生的残酷，人性的纠结，触目惊心。那时高尔泰已经离开夹边沟，被调去画大画，幸而逃过一劫。

1962年，高尔泰被解除劳动教养，二十六岁，身无分文，写信给敦煌艺术研究所的所长常书鸿，得到赏识，终于有了工作。四年之后，“文革”开始，高又被揪出来批斗，此后十年，一路坎坷。这期间，他经历了结婚，生女，也经历了妻子的去世，一家人的离散。

终于等到1978年，右派平反，高尔泰到兰州大学，后又调至社科院，仍免不了出现一些插曲。1989年，他刚到南京，当时全国正有一场政治风波，高尔泰以“反革命宣传煽动罪”被羁押，关了半年。1992年，他离开内地，去到香港，最后远赴美国，这时他已经可以说是个老人了。而在他离开后的两个月，女儿高林也因为精神分裂症复发而意外死亡。

高尔泰的一生都在漂泊中度过，这样的漂泊并不是个人所求，而是时代巨浪一次次地掀起又落下。个体生命在大浪中沉浮，只是一叶小舟。终于暴风雨过去了，这叶小舟得以幸存。然而由他的讲述我们可知，还有许许多多像他一样的人，消失在那一场场的风暴里，无声无息。

高尔泰的这本书，带我们回到风暴的中心，去见证，去了解，去感知。从历史意义上来说，这部回忆录可以为大历史提供不少细节，知史鉴今，从来不错的。不过，这本书的价值还不全在这里。

除了历史意义上的价值外，这本书还有两重我以为很重要的价值，一个是美学上的，一个是精神上的。

说到美学，高尔泰就是个美学家，发表过很多这方面的论著，但是我所说的美学价值，倒不是指高的美学理论，而是这些文章中，处处不忘美的呈现，处处彰显美的力量。

记忆最深刻的一节，来自《荒山夕照》。时值1968年，高尔泰已经被关进“牛棚”，有一阵子，所里要办一个农场，令一批“牛鬼”进山开荒。高尔泰一行人进了山，每日劳动，远离斗争的中心，倒也自在些。一晚，荒野里响起驼铃，一个老人路过，教给了大家捕杀黄羊的技巧。几日之后，终于有一只黄羊中了埋伏，但是逃跑了。他们开始追捕，高尔泰在夕阳下追逐着黄羊的脚印，翻过一个又一个沙丘，终于逮住了它。这一段，写得极为动人，既有捕猎的紧张感，又有大漠的辽阔和个人的孤独，还有对黄羊和自己抽离的审视。那真是一场孤绝的行动，在高尔泰写出来，也是有大美的文章。

高尔泰写过一个夹边沟里的难友，这人很执拗，“要活出个人样”，不管在如何艰苦的条件下，衣服仍然要整齐，头发仍然要梳，脸仍然要洗；即使饿得不行了，仍然在墙根下晒太阳时低声哼哼歌曲。这一场景，也是美的。美不光是眼睛看见的，还可以是感受的。当我们见到人在绝境中，依然坚持着某些美好的质素，我们会被感动，因为我们体会到人之所以为人的价值和力量。这也可以说，是精神的力量。

在混乱不堪的时代里，高尔泰不仅记录了这些不堪，也同样撷取了那些如宝石一样珍贵的“人的精神”，他一生寻求“人生的意义”，追求独立思考，虽然历经磨难，但这一精神的力量，是贯穿始终的。高尔泰用他的一生书写一个“人”字。如何为人，他给出了自己的答案，每一个读者在读完这本书之后，也必然要思索一下这个大问题。

在离开兰州之前，他做了一次“告别演讲”，观众请他讲一句临别赠言，高尔泰说：“希望大家都能以真我面对世界，给自己营造一个可以自由呼吸的空间。相信这些小小空间最终会连成一片。”

我点头。

这才是游记

《旅行与读书》
作者：詹宏志
出版社：中信出版集团

如今旅游业繁盛，可是好看的游记却十分少见。相比于游记，人们似乎更需要“攻略”。哪里好玩，哪里便宜，怎样坐车，怎样换钱，这些行程中的问题和技巧受人关注，而关于审美的，关于文学的那一部分，要么消失了，要么被淹没在了汪洋大海般的经验分享中，不被看到和重视。旅行在很多人那里，逐渐成为证实别人经验的行为，早在出发之前就已经对路上会遇见的一切了如指掌。

随着旅行的热门，一批批旅行书被制造出来。可惜它们大多数是不合格的游记，倾向于攻略、流水账和故事会，文学从这些书里隐退。在这样的环境下，读到詹宏志的《旅行与读书》是会激动的。因为这是一本真正的游记，并且写得精彩。

詹宏志是台湾文化界的传奇人物，横跨出版、电影、音乐等多个领域，创办过四十多种杂志，监制过侯孝贤（《悲情城市》）、杨德昌（《牯岭街少年杀人事件》）的电影，担任过滚石唱片的总经理，创办过当时台湾影响力最大的出版品牌“城邦文化”，还运营着当年台湾最大的网购平台PChome。

他是个成功的文化商人。是的，但是这不重要。在这本书里，他是一个超级书虫和旅行爱好者，一个吃货，一个台湾大叔。

那么，为什么说这位台湾大叔的《旅行与读书》是一本真正的游记并写得好呢？

因为它有文学感觉，有独特的趣味，并且可浸入。

什么叫文学感觉？

这是我胡诌的词，简单地说，就是把文字变成文学的能力。游记不是流水账，即使是按照时间顺序从出发写到归来，也应该有侧重、有详略，还要有文笔。“文笔”听起来很玄虚，实在必不可少，它考验作者对文字的敏感度，驾驭文字的功夫，具体的，它体现在对细节的描写，对人物的塑造，甚至一个转折、一个承接。拥有这种感觉的文字才能活起来，获得属于文学的美。

显然，詹宏志是善于此道的。文字感觉是第一步，有了它，才算合格。趣味则是另一层重要因素，它是区分世界的方式：有人喜欢咸豆腐花，有人喜欢甜的；有人喜欢托尔斯泰，有人热爱陀思妥耶夫斯基；有人喜欢Lady Gaga（嘎嘎小姐），有人喜欢小野丽莎。趣味也是一个人不同于另一个人的标志，在文学里，趣味引出风格。詹宏志在旅行中有一个显著的趣味——吃。在这本由十篇文章构成的书里，有六篇是以吃为主题的。在印度，他被误会为微服出访的美食评论家，得以参观了一家酒店的后厨，大饱眼福和口福；在日本，他专门去寻找一家法国餐厅；在伊斯坦布尔，他穿梭于街头巷尾，试图找到两种不同烹饪手法制作出的美味羊头。

除了吃，另外一项趣味是读书。旅行和读书，向来是好搭档。古人云：“行万里路，读万卷书。”似乎这两种体验世界的方法，早早就被安排好了要一起践行。而詹宏志正是这么做的，他说："只有一个人生是令人不满足的……只有旅行与读书，能让我们拥有超过一个人生。"

读书果然让他的旅行多了更多可能。他因为轻信旅行书，走进覆盖大雪的山岭，差点身处险境。还因为一个卖地毯的老头背出古波斯人的诗句，备受感动，而买下昂贵的地毯。读书丰富他的眼界和感受力，也将他引入"歧途"——读书让他的旅行多了一个向度。

因为爱吃，爱读书，詹宏志的游记有了属于自己的味道。别人也会去京都，去伊斯坦布尔，但不会像詹宏志这么写。

最后，是可浸入。这是我自己的趣味，即使没有浸入式体验，仍然可以是很好的游记，但詹宏志的文字是可浸入的。我的阅读经验里，保罗·索鲁是"可浸入式"的大师，他简直把游记写成了小说。

可浸入，简而言之，就是通过文字营造一种感觉，让你身临其境，与作者一起沉浸在那个时刻，那个当下。这当然得力于作者高超的场景营造功夫，出色的细节描写，生动的对话，以及拿捏得恰到好处的叙述节奏。

《小野二郎的寿司旋律》这篇文章写的是作者前往小野

二郎寿司店用餐的经过，整个过程只有三十分钟，但是作者像奏曲一样，从第一颗寿司写到第十四颗（最后一颗），每一颗寿司的感觉都被细细咀嚼，而又能有高低音和节奏感，好像我们果真也侧立在旁，跟着享受了一番似的。《长草丛中的死亡》写非洲草原与野生动物的近距离接触，《冰海中的独木舟》写在阿拉斯加冰海上的泛舟体验，《爆炸后的天堂》写遭受恐怖袭击后备受打击的巴厘岛。

詹宏志在为保罗·索鲁《赫丘力士之柱》所写的序言中说道："写出原创性旅行文学的第一个门槛，应该是一条具有想象力的'旅行路线'。"而如果你不想像保罗·索鲁那么"反旅行"走那么漫长古怪的路线的话，也可以像詹宏志这样懂得取舍，创造出别具一格的旅行主题。

不过，更重要的永远是第一个要素——得先是文学才行。

张公子的文才与自由

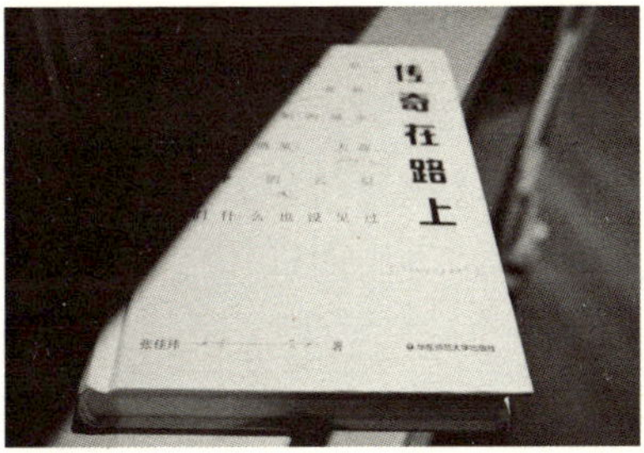

《传奇在路上》
作者：张佳玮
出版社：华东师范大学出版社

一

中秋这两天，吃了几块月饼，也看了几本书。其中一本是张佳玮的《传奇在路上》，新书，旅行随笔，看了两个晚上，渐入佳境，看到最后，除了佩服佩服，还是佩服。

佩服什么呢？当然是张公子的文才。文才这种东西很虚，不好说。但是可以读的，好不好，读几句就知道了。若声调和谐，节奏爽朗，必然不会差。若佶屈聱牙，口舌打架，则必然不会好。

张佳玮的文字有声势，像流水，叮叮咚咚地往下流，音调好听。几个段落之后，水量丰沛了，气势就出来了。这种充沛，不能光靠河床顺畅（文字技术），得有扎扎实实的干货，以前人常说肚子里有墨水，就是这东西。

什么东西呢？记忆。

记忆是很笼统的说法，具体的，可能是一道菜的做法，一座城市的来历，一个国家的历史，一个人物的八卦，一种生活方式的变迁……

做菜，得有材料。这些“记忆”就是张佳玮的材料——他对中国古典小说、诗词，看得多，记得也多；对欧洲各国历史、文化掌故，熟悉得很；对艺术史上那些大名鼎鼎的天才，了解得清清楚楚。

于是，张佳玮虽然写旅行，但和一般的游记不一样。

二

前些日子读詹宏志的《旅行与读书》也佩服得很，但那是另一种写法，詹先生太会讲故事了，看着看着，我就钻到文字里变身一只小蜜蜂，扑哧扑哧扇着翅膀跟在作者肩后，从非洲到北极，从日本到印度。在詹先生这里，读者和作者是一体的，你跟着他走，跟着他体验，跟着他品尝美味，遭遇人事。

但张佳玮的“游记”不同，他是种什么写法呢？

打开书，就等于和张佳玮找了个宽敞舒服的咖啡馆坐下来，然后他开始讲，你慢慢听。是的，在张佳玮这里，旅行不是你跟着他走，而是听他讲。不是讲路上遇见的事，而是讲一些那个地方的故事，比如你知道香榭丽舍大道是什么时候建成的吗？你知道法国人在19世纪之前吃什么吗？你知道中世纪的贵族除了骑马还学些什么吗？

我们去到一处陌生地界，除了吃饭住店，去几个景点之外，也必然想要了解这个地方的过去历史，这些本地人的生活方式。

张公子不知道从哪里挖掘了这么多掌故，这么多八卦，这么多故事。于是，关于巴黎，你看到的不是张佳玮如何逛街、游玩，而是“19世纪的巴黎”“文艺青年的巴黎”；关于日本，不是去富士山，去京都，而是“日本吃的历史”。

三

詹宏志的文章，勾引人出门，因为不出门，你就无法经历那么多故事。而张佳玮的文章，促使人读书，因为不读书，从哪里知道那些冷知识？

当然，还有对日常生活，对这世界的好奇和热爱。没有这些，不会乐此不疲地去寻找那些源头，了解那些过去，然后开开心心地讲出来。是的，《传奇在路上》这本书的调子是开心的，似乎张佳玮所有文章的调子都透着这么一种市井生活里的开朗和乐观，小店门口，大树底下，遇着了，然后开讲。张佳玮从不挑剔读者，谁都能进入，他是一贯的谈天口吻，一下笔就滔滔不绝。他不急，你最好也不急，这才能读得轻松，读得开心。

在把欧洲列国大谈了一遍之后，张佳玮在最后一篇里谈了谈人生。张六岁时开始看“字书”，先是古典小说，然后是外国名著，然后玩游戏，看球赛，大学二年级出了第一本书，毕业后开始做自由撰稿人，三十岁和女朋友去巴黎，这一段，他是这么说的："几年后，上海武夷路，签证官问我去巴黎，有没有什么最初念想，我是这么说的：'我小时候就读《高老头》，读《三剑客》。我想，拉斯蒂涅和达达尼昂，都是到了巴黎，才开始见过世界的。我想去看看世界。'"

于是，他真的去看世界了，看了一番世界，写了这本书。

他最后说："经历过这些事后，我明白了一个道理，可能性，是最珍贵的，因为可能性本身，就意味着自由。"

他挣脱了大人们安排的那种按部就班的路径，他实践了他所要的自由。这就是我开头说的，"佩服佩服"之后的第三个佩服。

时间的凉意

《九栋》
作者：邹静之
出版社：法律出版社

这书是我五年前在南昌时看的，好几年了，一直记得。因为当时书大多借着看，没留下，总想着有时间重看一遍。最近新买了一本塞在背包里，出门看，回家躺在床上继续看。看完了，心里凉凉的，和初看时感觉一样——像冬天喝冰镇可乐。

这本书叫作《九栋》，作者邹静之。邹静之是编剧，名编剧，王家卫《一代宗师》是他编剧，张艺谋《归来》编剧也是他，最有名的还有《铁齿铜牙纪晓岚》《康熙微服私访记》，他产量不多，但大多是精品。

不过这本书和编剧没有一点关系，它是一本散文集，一本记忆之书，一潭深水，一座20世纪60年代的童年之墓，它像小学课本里的那只甲虫，被油脂包裹成了琥珀，在时间的另一岸闪闪发光。我总是嫉妒这些人，他们将早已沉入潭底的旧时光记得一清二楚。我不行，我过得太马虎，即使请来巫师，天神下凡，我吐着唾沫浑身乱抖，也无法泅入潭底。

这口“潭”为两个部分，“九栋”和“风中沙粒”。

先说“九栋”。“九栋”是邹静之小时候住过的一栋楼，现在已经拆掉了。1996年，这栋楼拆掉之后，他开始写这些文字，他说原来的想法是：“把它们写出来，让一些旧事把我放过去。写过之后的感觉是旧事永远不会放过你，你写出来了，它的跟随反而看得见了。”

这句话给这些文章定了调子。一些跟随着的旧事，听起来有点阴森。这和北岛的《城门开》不一样，同样是童年，同样在北京，北岛的文字里有阳光，邹静之的《九栋》里却蛰伏着厚厚的乌云，无论写什么，这乌云都飘在天上，即使没挡住太阳，也远远地浮在那里。这朵乌云是“文革”，是时代。

乌云已经来了，可是孩子什么也不知道，依然玩乐，依然关心自己的世界。这个世界和成人世界是不一样的，这个世界充满好奇、游戏，当然也会有暴力，但是敞亮。

然而阴影之下，一切都在悄悄改变。

最大的变化是，秩序正在崩塌。诗人王小妮出过一本小说集《1966年》，写的是“文革”前夕小人物的故事，在大时代到来之前，树叶微微颤动，一切都有了征兆，但是多数人仍然浑然不觉，荒诞就在这里面出现。邹静之在《九栋》里写的，也是这个时期，但不同的是，这是一个系列文章，故事全部发生在一片单元楼里，而且采用的是童年视角。这样一来，我们被带入了一个更真实的世界，童年游戏中的各种细节，童年时代的各种心思，都在作者的笔下一一浮现，勾引起我们自己的童年。但是，一不留神，文章里就会出现死亡，这些死亡突如其来，荒诞、残忍，构成了这个奇怪的文字空间。

《垃圾车》写一个老太太用剪刀剪喉咙，血喷了一墙，老太太的儿子手足无措，不知道怎么面对这些“地主阶级的血”。

《标本》尤其可怖。“我”为了去看一个男孩养的四脚蛇，和他走了好长一段路，陪他去银行取钱。500块，所有的钱。这个男孩的爸爸妈妈已经被抓起来了，他和妹妹一起生活。有亲戚说要把妹妹接走，他和妹妹都不愿意，他们准备自己渡过难关。几个月后，文攻武卫再次抄他们家，发现妹妹早就死了，已经是一具很小的干尸。“我”陪他去取钱之前，她就死了。

《房勇的公鸡》写的不是房勇的公鸡，写的是一个早晨，房勇告诉“我”，八栋那躺着个死人，“我”和他跑去看。过了很久，比“我”小一年级的女同学洪炯来了，她看了尸体，朝大人们点点头。她没哭，那是她爸爸。房勇问，她爸爸为什么要从东区跑到西区来自杀，是不是不想让洪炯看见死人？可是她还是看见了。

除了这些坚硬的死亡，文章中也遍布童年的烦恼，比如春游，比如性的疑惑，比如游戏的输赢，比如幻想。我尤其喜欢《我爱奚小妹》这一篇，它几乎是一个忧伤的爱情故事。奚小妹一家被下放，她走的前一天，“我”和她去公园玩，我带着照相机，可是相机里没有胶卷，“我”不相信相机一定要胶卷才能拍照，“我们”照了很多相，玩得很开心。奚小妹走了，几年后，她来了一封信，这时候“我们”都小学毕业了，她说起了在山里的生活，信的最后，她说她很想要那天下午在公园照的相片。可是“我”把那个照相机打开，里面什么都没有。

第二部分“风中沙粒”记录的是另一段时间，1966年到1977年，邹静之从北京到北大荒，再到河南，最后搞病退回到北京，这是知青的十年。这些文章很容易让人想起阿城在《遍地风流》里的一些篇章，很像，都是青春被荒置，不知如何是好，被时代紧紧捆住的日子。

这些日子里，也常常出现死亡。不过这死亡和“九栋”中的死亡有点不一样，在“九栋”中，死亡是时代造成的，但在“风中沙粒”中，在广阔的土地上，还有更多的死亡，是那种“天地不仁，以万物为刍狗”的死亡，从古至今，土地上的农民一直在面对它们。这些死亡看起来不荒诞，但是有时候却太轻易，人在它面前变得渺小。

不论怎么说，《九栋》是这一年我看过最好的文字之一，浑身透出一股时间的凉意，又沉重又轻盈，有时候像一朵乌云，有时候变成老鼠的门牙，然而不管什么时候，它总是孤零零的，让人一边拍手一边叹息。

再读苇岸

《大地上的事情》

作者：苇岸

出版社：广西师范大学出版社

一

这不是我第一次读苇岸。

几年之前，我刚刚进入城市，对前途对未来忧心忡忡，那时候读到苇岸，心中大喜，他所反对的工业文明，反对的现代化，正是我所烦恼的，而他对土地和自然的赞美，我深以为然。此次过年回家，重读了《大地上的事情》，本想重温一下，结果大出所料，我对苇岸文章有了不同的看法。

苇岸出生于1960年，家住北京昌平小北营村，1978年恢复高考时考入中国人民大学哲学系，随后接触到朦胧诗，并为诗歌着迷。

他本来也许会成为一名诗人，但是一本书改变了他的志向，这本书是梭罗的自然主义文学经典《瓦尔登湖》，他在读这本书时做了上万字的笔记，并从此开始了散文写作。

苇岸的著作并不多，在1999年因病去世之前，只出版了一本《大地上的事情》，2000年后，陆续有《太阳升起以后》《上帝之子》等书出版。

《大地上的事情》是很能代表苇岸风格的一组短篇随笔，共七十五则，每则一两百字，所记录的都是一些日常观察，关于蚂蚁、麻雀、蜘蛛、甲虫，关于鹞子、杜鹃、啄木鸟、猫头鹰，关于毛驴、田野、麦子、栗树、大雪、天空、星星……在他眼中，一切自然之物都富有神性。

他更著名的一组文章是当年未完成的《一九九八　廿四节气》。1998年每一个节气的上午9点，他都会在居住地附近田野的一个固定位置拍下一张照片，并记录当时的天气情况和所观所想。这是一个奇妙的工程，翻看他拍下的照片，会清楚地看到自然的节奏和律动。说不定正是他启发了当下流行的节气文章。

二

像梭罗一样，苇岸的写作，集中在自然和土地上。

他的写作不同于我们熟悉的乡土作家对农村的描写，也不同于民国时期的作家对童年故乡的回忆。他的文字所着眼处不在于人事。当鲁迅写到覆盆子，是因为覆盆子与他的童年记忆相关，但苇岸写到麻雀，写到蜘蛛，写到胡蜂，只是麻雀、蜘蛛和胡蜂，他是一个观察者，他所观察的，是一个他所喜爱的自然世界。

他有一点像博物学者，对每一种昆虫、鸟类都怀有兴趣，但是他又不同于博物学家，甚至与此相反，他不喜欢科学的秩序性，不喜欢自然科学家对昆虫和鸟类的命名，他反对人类对自然的侵占，推崇人与自然的和谐相处，他反对工业文明，推崇农业文明。

他发现现代社会的节奏与速度越来越快，人不再与自然节律同步运行，这种脱节造成了人的焦虑和不安。换句话说，丧失了“人的完整性”。他在写到梭罗时着重强调，“梭罗的本质不在其对返归自然的倡导，而在其对‘人的完整性’的崇尚”。

这也是苇岸的思想重点所在，他认为现代世界使人变得不完整，而土地和自然，是让人安静下来的途径，如果与自然亲近，与泥土为邻，则可以在自然的节令中找到节奏，不被社会洪流所裹挟。

三

苇岸身上有一种强烈的浪漫主义和理想主义的气质。在精神上，他所连接的是那个已然逝去的80年代。他自己也说，在他身上有一种强烈的，与猥琐、苟且、污泥的快乐和瓦全的幸福对立的本能。

他的精神源流不在中国文学，他认为中国文学里有聪明、智慧、美景、意境，但唯独不见一个作家应有的与万物荣辱与共的灵魂。他所欣赏的是俄罗斯的作家，因为“俄罗斯作家进行创作不是由于令人喜悦的创造力过剩，而是由于渴望拯救人民、人类和全世界，由于对不公正与人的奴隶地位的忧伤与痛苦”。

用古话说，苇岸有一种“文以载道”的倾向。而他的道，正是自然——通过与自然的接触，在自然的律动中生活，达到人的完整。但这一点，他自己也未能达到，他在文中数次提及希望一周能够有一天在土地上劳动，但是这个愿望并未实现。他反对工业文明，但是他自己所做的工作正是工业文明的产物。他也没有放弃一切回到农村，甚至，他的愿望只是一周在土地上工作一天，而不是七天。当我第一次读苇岸时，只留心那些与自己共鸣的地方，但这次重读，发现了许多疙瘩。

在《大地上的事情》这组文章中，苇岸记下了很多富有知识性的细节，同时也有很多寓言性质的文字，他总是喜欢在自然事物中总结道理，并对“伟大”和“灵魂”这样的字眼充满兴趣。比如在写完日落比日出的时间短后，他总结：世界上的事物在速度上，衰落胜于崛起。比如在看到小学生的作文里写不喜欢妈妈每天一回家就让他用肥皂洗手后，他总结：每一匹新驹都不会喜欢给它套上羁绊的人。这样的总结可以让文字变得富有深蕴，但是却固定了文字的意义。

苇岸反对概念化，但是他自己也一直被锁在概念里。他有一篇文章叫作《放蜂人》，整篇文章，不见人情，放蜂人在他这里只是一个符号，一个与自然和谐共处的代表，他并不关心放蜂人真正的生活，他们的快乐和悲苦，这一点李娟和他截然相反。

苇岸的自然和土地终究是一个书斋化的想象，或许，这正是他的文字中虽然看得见真诚，但并不动人的原因。

过年认字

《认得几个字》
作者：张大春
出版社：上海人民出版社

新年的热闹过去了，每日读书吃饭睡觉，和父母聊天，不做别的事，只是待着。待着也是待着，这几日开始翻拣房间里的旧书橱。

书橱是父母结婚时打的家具，最早并不属于我，上面摆的书大多是父亲曾经自学用的函授课本，祖父留下的几本评书话本。我还发现过几本“五角丛书”，几本嫁接桃树、茶花的技术教程，一本盖有铅笔厂图书室印章的《少年维特之烦恼》，还有一本敦煌文物被盗的故事，以及一本菜谱。

后来，这些书统统被我发配“边疆”，塞进书橱底部的柜子。我的课本和盗版小说则占领高地，成为书橱里的主要“物种”。

再后来，随着我的兴趣转移，书橱里又添了些奇奇怪怪的书，比如读过一遍但仍然摸不着头脑的《金刚经》，印刷错漏百出的盗版《百年孤独》，永远停留在前十页的《单词串记》，连导读都没有看完的《巴黎圣母院》，一本标题耸动、内容学术的《手淫文化史》，还有《城堡》《时间简史》《人间食粮》《美的历程》《存在与时间》……或许你已经发现了，这些书各不相干，乱七八糟，鬼知道是经由什么动机，我会从生活费里省出十几二十块钱，把它们从书店请回到我的书橱里。也许可以笼统地归因于好奇心作祟，可惜这好奇心的结果并不光明，这些书我大都没有看完，看完了的，也是囫囵吞枣。

面对这些书，如今仍然有许多一知半解，或根本不会去看。一则不是兴趣所在，另外也自觉功力尚浅，不可强攻。然而转念一想，少年果然勇猛，管他什么山头，都要自己去攀一攀，管他什么江河，都要自己去蹚一蹚，虽然结果大多失败，其志也可嘉。

逡巡在书橱前，挑了几本曾经或许看过但大多忘记的书放在床头，打算重温旧梦。

首先拿到手里的这本书有一个好看的封面：一个穿着蓝短裤红背心肉墩墩的小男孩背对着镜头，一只手高高举起，在黑板上写字。黑板上最大最粗的几个字正是这本书的书名——认得几个字。

《认得几个字》是小说家张大春的随笔集，如题所示，写的是认字。认字这件事，但凡上过小学的都经历过，从拼音到汉字，从字到词，从词到句子，从句子而后作文，我们哪个不被折磨过？

然而毕竟过去了，小时候手心受的打已经忘光，罚抄的本子也消失不见，认字不再是功课，反倒可以全凭兴趣重头来过，好好瞧瞧我们熟悉的每一个字，究竟来自何方，所谓何意。

关于汉字的书这几年出版不少，流沙河先生的《白鱼解字》，日本学者白川静先生的《汉字百话》，都颇受用，不过张大春的这本《认得几个字》却别有一番风味。说到底，这本书不光是追溯汉字的源流演变，指出我们熟悉不过的某些字可能有着意想不到的原初意义，它还写出了关于“认字”这件事情的具体细节和故事，这些故事主要发生在他和两个小朋友——两个小朋友刚刚上小学，一个叫张容，一个叫张宜，一个男孩，一个女孩，他们都要叫张大春爸爸——以及幼年张大春和他的父亲之间。怪不得张大春说这本书可以看作是《聆听父亲》的续集，因为书中解字是真，父子间的互动也是真。

读这本书，常常不禁发笑。张容、张宜实在太机灵，常常问出一些匪夷所思的问题，让博学多识的爸爸哑口无言。或者干脆要放弃姓“张”而要改姓“庖”，因为他们认为“张”这个字太丑了；或者在爸爸趁机讲字的时候，不留情面地反将一军，指出爸爸脸上的老人斑。在张容、张宜面前，张大春是一个搞不定小鬼头的慈爱父亲，他的被抢白、被回击，更显出父子、父女间的情谊。另一些文章里，张大春也常回忆小时候与父亲的互动，在那些场景里，父亲往往显得本领高强，而大春自己，则总是懵懂无知。这亦是张的温情，点滴场景总能显出家常温暖，孩子的俏皮可爱，父亲的慈爱，在说文解字的过程中顺便温暖人心。

当然，这并不是说，张大春这本书是靠着小孩卖萌，而不讲真功夫。只是，功夫深厚或许不难，难的是功夫深，却能讲给小孩听，并且愿意给小孩讲。这里面除了爱意，还更有一种初心。每当我们面对孩子，或许就能重新想起，我们也曾经有过的源源不断的好奇。

正如张大春所说，人们“之所以误读、误写、误以为是，其深刻的心理因素是我们对于认字这件事想得太简单。生命在成长以及老去的同时，我们觉得自己已经脱离了‘某一个阶段’……认字这个活动应该已经轮到儿孙辈的人去从事、去努力了。往往也就在这个时候，我们的心智开始萎缩，我们的语言趋于乏味，我们被口头禅包围攻占乃至于侵蚀、吞噬”。

也许，我们都不必成为文字学家，通晓《说文解字》，熟识甲骨文，但是对于世界的好奇，不该丢失。习字或许够用就行，了解它的来历身世并无现实收益，然而，正如张大春屡次借由庄子对张容提到的，无用本身自有乐趣。读这么一本书，本身也是无用的，然而我自得其乐，欣然忘返。

2

第二章 坠入小说

小说就像爱丽丝坠入的那个兔子洞，它是另一个世界，但在那个世界里我们经历的一切，都会反过来帮助我们理解这边的世界。

虚构不意味着虚假，有时候，它反而更加真实。

读小说，很容易着迷，像被吸住了一般，不读完不能收手。读的过程中，有时候笑个不停，有时候痛哭不止，有时候闷闷地有说不出的沮丧和难过，有时候心底里充满了不可言喻的幸福和喜悦，小说让我们有机会成为别人，小说也让我们真正认识自己。

在这一章，我们会读到很多有意思的小说，它们有的像跳跳糖一样爆炸，有的像梦境一样难以捉摸，有的像琥珀一样保存了时间。

任时光流逝，生活永存

《慈悲》
作者：路内
出版社：人民文学出版社

路内出生于1973年，那是一个荒疏的年代。人们在等待中继续着贫瘠的生活，孩子们按照过去的规矩一个个长大，等到他们度过青春期，旧有的秩序开始崩塌，一个崭新的世界迎面而来，但是没有人教过他们，该怎样面对这个新的时代。

路内的父亲是化工厂工程师，1989年正读初三的路内听从父亲劝告，放弃高中，去考中专。在当时，中专是个不错的选择，学生毕业之后进入国有工厂，将有一份稳定且有前途的工作。

工厂曾经是一种含有社会主义情感的集体组织，许多工人一辈子就生活在工厂里，他们靠厂里发工资，住厂里分配的房屋，孩子上厂里的幼儿园，他们预想退休之后，自己的孩子继续在厂里工作。但是，他们很快就会发现，往日的经验不灵了，他们已经被时代抛下。

在工厂的五年里，路内做过钳工、操作工、电工、值班电工，这是他的青春。很多年后，路内一边做着广告总监，一边用写作回忆20世纪最后十年的工厂青春，他虚构了一个叫作戴城的地方，虚构了一个叫作路小路的青年，开始写。

很快，他写完了第一本《少年巴比伦》，然后是第二本《追随她的旅程》，他一本一本地写下去，收获了读者和名声。不变的是，他一直写着工厂。用他自己的话来说，他一直写的是“中国中小型城市底层的人们，他们的成功以及更常见的失败”。

他的新作《慈悲》，依然如是。

《慈悲》离开了路内的青春。在“追随三部曲”里，青春和时代的交困是路内的法宝。他所以能把青春故事写得如此动人，正是因为有时代打底；有时代打底，青春激扬才能不轻飘。《慈悲》选取了更大的时间跨度，讲述了主人公水生的一生。但是路内并没有把这本小说写成厚厚的家族史，相比于他往日作品里的事件和语言密度，《慈悲》显得格外简洁。

故事围绕着水生展开，水生出生于50年代，小时候遭遇大饥荒，父母双亡，投靠在城里叔叔家。及至长大，进入苯酚厂，跟着师傅做操作工，结识了同是师傅徒弟的根生和师傅的女儿玉生。根生爱惹事，得罪了厂里不少人，被人揭发，送到劳改营关了十多年。回到厂里，人已中年，拖着一条瘸腿，艰难地准备翻身，但最后还是失败地死去。

师傅去世后，水生娶了玉生。时间过得快，水生刚进厂时，“四人帮”还没被打倒，不知不觉间，厂子的效益就开始下滑，玉生生病，孩子长大，工人下岗，水生最风光的“拉补助”时光一去不返，他老了。

路内没有用力在人物身上，对事件和人物都只勾勒大概，并不深入，这是他的取舍，因为一旦让我们陷入某一个阶段的故事里，整本书的节奏可能就会被打乱。现在我们读这本小说，会觉得非常顺畅，时间不知不觉倏忽而过，人生不知不觉换了春秋。

读这本书，容易想起张佳玮的《爱情故事》，和《慈悲》一样，张佳玮写的也是父辈，并且同样的，张佳玮也选择了一种任由时间流逝的写法，只抓住故事的节点，而不深入人物或者情节。之所以这样做，是因为他们所想要写的其实并不只是一个人物的故事，而是试图捕捉一个时代。所以《慈悲》的真正主角不是水生，而是时间，或者说时代。

这或许可以说明小说题为“慈悲”的缘由。“慈悲”是佛家语，属于一种更超脱的视角，并不等同于“同情”，它不怜悯，而是接受。路内说：“慈悲本身并非一种正义的力量，也不宽容，它是无理性的。”事情就是这样发生了，很多人的命运都受时代影响，你并不从中感到同情，也不从中获取仇恨，而是感到一种生命本生的美好。这就是慈悲。路内也正是以这样的视角去写作这本书的，并且，他达到了他想要的效果。

不过，这样的写作方式，虽然可以给读者一个整体的感觉，但是会遗漏很多深刻的感受，最后使小说失去了力度，有可能变成幻灯片，这是很可惜的事情。

奇妙的梦境之书

《沙漏做招牌的疗养院》
作者：布鲁诺·舒尔茨
译者：陆源、林洪亮
校注：林洪亮
出版社：浙江文艺出版社

我在短时间内读了两遍布鲁诺·舒尔茨的短篇小说集《沙漏做招牌的疗养院》。

这是一本奇妙的书，一本也许读了两遍仍然摸不着头脑的书。书中的文字好像雨天地面上的水洼反射出来的倒影，这里充满琐屑和混乱，夸张和荒诞，同时也斑斓而恢宏。

布鲁诺·舒尔茨的一生平凡而又离奇。1892年，他出生于波兰小镇德罗戈贝奇，他在这里长大，成为一名美术老师。他写诗、画画，也写小说，据说他还翻译过卡夫卡的《审判》。他一生只出版过两部短篇小说集，第一部名为《肉桂色铺子》，第二部就是《沙漏做招牌的疗养院》。他没有来得及写出第三部，1942年11月19日，一个平凡的日子，他走在大街上被子弹击中，在纳粹的一次扫射中身亡。

直到1963年，舒尔茨两本小说集的英文版问世之后，其名方显。有论者将他与卡夫卡、普鲁斯特等现代小说大师放在一起，随着这两本小说集在更多的国家被翻译和出版，布鲁诺·舒尔茨在身后拥有了越来越多的读者和声望，他也常常被称为大师。

让专业的归专业，文学史如何定调，对读者如我来说并没有什么特殊价值，我们只能面对书本，自己去读它。

就像我在一开始所讲的，阅读这本书是困难的，因为它不同于我们惯常接触的现实主义的小说传统，在很多篇章中，你甚至找不出故事。一切都行进在雾霭中，文字可以随时掉转方向，进入到不可预测的领域，或者在一处停留盘桓，大书特书。

想象你在看一部电影，镜头华美，但时间过了二十分钟，你仍然看不到情节和人物，你会不会感到挫败？

我们都习惯在文本中搜寻信息，并在大脑中加以处理，但舒尔茨的文字在干扰和延宕你做这件事情，他的书写相当华丽，甚而繁复，他善于描绘颜色、光影和气氛，他像一个造梦师，文本充满奇思妙想，却很难找到规则。你进得去，却出不来。

但是如果足够细心，打定主意做一个弗洛伊德式的福尔摩斯，我们也许都能从中读到些什么。

首先是父亲，在这本书的十二篇小说里，没有一篇不写“父亲”，父亲是这一系列梦境里，一个无法回避的人。在作者的叙述中，父亲是一个堂吉诃德式的人物，在某些时候他像一个英雄，但另一些时候，他只能是螃蟹（见《父亲的最后一次逃跑》）。

其次是过去，在绝大多数的篇章里，小说以回忆式的叙事口吻展开，人物总是一样，我、父亲、母亲还有保姆阿德拉。我们总是一次次地被带回那个家庭，但是时间维度上却不甚清晰，这也正如梦境，时间是模糊的。

整合起来，你便可以看到，大部分的小说都是一件事情：追忆或者说再造过去的时光。具体来说，是主人公童年的世界。那个时候，父亲仍然是英雄，一切都有意义，世界颓败无聊的真相还不被发现，那是个“天才时代”。

在本书的第一篇小说《书》中，“我”奋力想要寻找一本小时候读过的书，那本书曾带给“我”无可比拟的感受，但是最后书找到时，却残缺不堪，只剩下一些商业广告的内容。父亲对“我”说：“那本书不过是我们年轻时相信的一个神话，但当人年岁渐长后，就不会再认真看待这档事了。”

显然，作者要认真看待这件事。他想要找回那个完满的、充满激动的、美好的旧时光。但他同时也知道，这一切都是徒劳。在《天才时代》里，“我”向母亲吼道：“你们统统忘了吗？我一直说，所有东西都受到阻碍，被驯服，被沉闷无聊吞噬，深陷囚牢！”

在《天才时代》的后半段，作者又借一个成天打架的青年斯洛玛的口说道：“难道你认为，假如世界不是如此衰败，如此堕落，它内部的所有东西已不再光滑顺畅，已丧失神圣之手的遥远闪光，我还会做贼，还会干那么多蠢事吗？当一切都被死死禁锢住，当有意义的事物全被困住，而你不断敲打砖墙，就像敲打监狱的围墙，你又怎能不屈服，不失去勇气？”

当我们发现了这些梦境的触发点，便会看到一些哀伤。

因为我们都有同样的感受，这个世界无聊、沉闷，而我们一开始认识这个世界时所发现的那闪闪发光的奇妙能量已经一去不返，就连父亲也会平庸、老去，像螃蟹一样。

所以作者问：“你是否听说过，在双轨的时间之下有一种平行的时间流？”

他操弄文字，再造时空。在我最喜欢的《沙漏做招牌的疗养院》的这篇小说里，他直接动了时间的手脚，故事发生在一个恍恍惚惚的疗养院小镇，在这里，死去的人又活了，但是他们神情迟缓，口了恍恍惚惚，因为时间是偷来的。他把父亲送到了这里，和他一起度过了一段时光。

这真是奇妙的梦境。这真是哀伤而温暖的故事。

他最终还是杀了他

《人鼠之间》
作者：约翰·斯坦贝克
译者：李天奇
出版社：上海文艺出版社

《人鼠之间》是那种可以让你一口气读完的小说。它讲了一个梦碎的故事，悲伤、温柔、残酷。

故事发生在20世纪30年代的美国西部，经济萧条，很多没有土地的穷人依靠打短工过活，这里做几个月，那里做几个月，存不下钱，买不起地，就像流浪汉。乔治和莱尼就是两个这样的流浪汉。乔治个子小，但是人聪明，莱尼个子大，可惜有点傻，像个孩子，不分是非，不懂现实世界的规则和复杂。

莱尼有一个嗜好，喜欢摸毛茸茸的东西，比如说兔子，或者小狗，如果没有兔子也没有小狗，老鼠也可以抱在手里摆弄，但是他的力气大，一不小心，兔子死了，狗也死了，老鼠更容易死。有一回，他看见一个女人穿着红裙子，那裙子看起来很好摸的样子，就伸手去摸，结果那女人大叫，莱尼也被吓到了，不知道松开，反而抓得更紧。那个女人向警察报案，说莱尼要强奸她，因为这出，乔治只好带着莱尼逃跑了。他们总是这样跑来跑去。

莱尼离不开乔治，乔治也离不开莱尼。莱尼总是会央求乔治讲故事，讲那个讲了好多遍的故事，那实际上不是个故事，而是一个设想，设想在不久的将来，他们买了一块地，自己种自己收，不用到处打工，想休息就休息，想去城里逛逛就去城里逛逛，还可以养鸡，养猪，养兔子。莱尼喜欢兔子，他要求喂兔子，他很希望有一天可以喂到那些兔子，所以他每一天都会缠着乔治讲一遍这个故事。

乔治也喜欢这个故事，这也是他的设想，或者说他的梦。莱尼提醒着他的梦。

这一次，他们来到一个新的农庄，农庄里有雇工，有老清洁工，有黑人仆役，有老板的儿子和他的新媳妇。这是一个挣扎之地，每一个人都逃不脱。

首先是老清洁工，他是一个穷人的代表，没有自己的家，没有自己的地，只有一只和他一样老的狗，又臭又老，被人嫌弃，终于被人用枪打死。

黑人仆役呢，也是一样，地位低下，不准和白人住在一起，没有人和他说话，每天只是干活。

老板儿子的新媳妇，也是被禁锢的小小鸟。她的梦想是去当电影演员，可是事实是她哪里也没有去，哪里也去不了。

这是一个滴水不漏的故事，每一步都严丝合缝，直到最后悲剧发生——莱尼因为失手杀死了老板儿子的新媳妇，最后，乔治亲手用手枪杀死了莱尼。莱尼不知道乔治要杀他，还兴奋地和乔治重复那个故事，讲到最后一句，枪响了，莱尼倒下，乔治的那个梦，就此破碎了。

世界上好的小说有很多种，有的像树，枝繁叶茂，郁郁葱葱；有的像海，宽阔无际，深不见底；有的像山谷，幽暗寂静，满耳回声。

《人鼠之间》则像一只表，剥开表盘，每一个齿轮都精确无比。

这本书，斯坦贝克本来是要写成剧本的，后来决定写成小说。小说出版后，声名大振，又改成剧本，果然大卖。

斯坦贝克这本小书，据说被许多中学收入必读书目，当然有反映美国社会历史的因素，但更重要的，这本小说完美地展示了故事的力量。这个故事的力量在于残酷中有温柔，但最后，温柔敌不过残酷。或许我们没有过打短工过活的经历，但每个人都会有一个模糊的期待，往大了说，可以叫梦想。有时候，那希望太过渺茫，并且遍受嘲笑，于是，不得不放弃，不得不亲手结果了它，就像乔治结果了莱尼。

乔治结果了莱尼之后呢？他和雇工们一起去喝酒。往后，他也许还会想着一片自己的地，但更多的情况是，他疲于奔命，赚一些小钱，然后送进妓院和酒馆，和许多打短工的底层穷人一样，无望地游走在大地上。

他杀了他，某种程度上，就等于杀了自己。

残酷的是，他不得不杀了他。

用小说讲道理

《杀死一只知更鸟》
作者：哈珀·李
译者：李育超
出版社：译林出版社

用小说讲道理是一件危险的事，因为一不小心就会沦为说教，但如果做得足够好，反而能因此获得力量。《杀死一只知更鸟》正是一本这样的书。此书1960年面世后，立即畅销，并且反响巨大，1961年获得普利策文学奖，1962年同名电影上映，获奥斯卡多项提名。近六十年来，该书已被翻译成四十多种语言，在世界范围内销售超过三千万册。

是什么使这本书获得如此多的读者？正是那些道理。当然，不仅仅是道理，而且是那些道理在故事中被恰当地呈现了出来。

故事从一个新的学期开始，主人公是一个七八岁的小女孩，她叫斯科特，刚刚上一年级。她和父亲、哥哥，以及一位黑人保姆生活在美国南方一个叫梅科姆的小镇。当时正值20世纪30年代，美国经济萧条，但是小女孩不知道这些，她所关心的是暑假能见到好朋友迪儿，以及不用去上学。

小说分为两个部分。第一部分写的是“我”、哥哥和迪儿的探险，以及“我”对学校生活的反感和适应。在这一部分中，情节并不明显，最主要的悬念是：住在“我”家隔壁的怪人到底长什么样？他为什么从来都不出来？除了这一点，我们还跟随小主人公这里看看，那里瞧瞧，感受童年时简单的好奇，以及那种再难感受的无忧无虑。

第二部分，情节终于收拢成一条主要线索，悬念随之产生：父亲阿蒂克斯能不能打赢那场人人都不看好的官司？

简单地说，这场官司是这样的：一个白人控告一个黑人强奸了他的女儿。阿蒂克斯为这个黑人辩护。要知道，故事的背景是在30年代，黑人受的歧视还很严重。因为父亲替黑人辩护，“我”慢慢接触到这个复杂的世界，小镇上的人们一改往日的态度，指责父亲，甚至威胁他。

最后的法庭戏是本书的高潮，读者通过这一场戏基本可以确定，那个黑人被冤枉了。但是，陪审团还是判了黑人有罪，这是社会现实，一种深入行为和思想的歧视。到这里，基本的故事已经结束了。最后作者还安排了“怪人”的出场，这里不谈。我们来谈谈道理。

什么道理？关于做人的道理。

在小说中，道理主要来自父亲。他对孩子们实行放养政策，平等对待，在故事的主要事件——那场官司里，父亲几乎站到了整个小镇的对立面，但他并不退缩，他相信“良心”和“正义”，他也希望“我”和哥哥能够相信。小说正是通过这场官司来教会“我”以及所有读者，人生最重要的不是胜利和成功，而是无愧于心，是忠于自己，是秉持正义，保持良心。

这里有一个插曲，邻居老婆婆在临死前戒掉毒瘾，父亲讲：“勇敢是当你还未开始就知道自己会输，可你依然要去做，而且无论如何都要把它坚持到底。你很少能赢，但有时也会赢。”他正是这么做的，虽然他没赢得官司，但是赢得了

“我”和哥哥的信任，也赢得了所有读者的喜爱。

毫无疑问，如果把道理抽出来，就容易成为空话。在这个故事里，通过儿童的视角，通过亲子间的互动，“正义”“勇敢”这些大词有了落脚点。正是因为这些，小说拥有了某种教育的作用。如果我们这个世界还相信正义、良心和勇敢，那么这本书是送给孩子很好的礼物。

不过，仅仅以小说来看，它的艺术性如何呢？在小说出版后不久，作家奥康纳曾经评价道：“我想，作为一部童书，它还是不错的。有趣的是，买了此书的人都不明白他们捧读的是一本童书。得有人说出真相。”

我同意奥康纳的评价，这本书对人物的挖掘并不深，借用E.M.福斯特的概念，父亲阿蒂克斯并不是一个圆形人物，他除了给孩子讲道理外，并没有透露出更多的可能性。其中有一节，为了塑造父亲的形象，作者甚至让他成为二十年前的神枪手，以满足孩子和读者对英雄的崇拜需要。

但是，回过头来，这本小书仍然瑕不掩瑜，因为，很少有小说能够把故事和道理结合得这么好，这么不让人反感。

我相信，很多少年都会喜欢这本书的。不过我还感兴趣，成年人怎么看？

这个时代，是高扬“大人不分对错，只看利弊”的时代，是宣泄“听过很多道理，仍然过不好这一生”的时代。那么，这样一种只分对错、不看利弊的价值观，这样一种可能不能让你过好这一生的道理，还有没有需要呢？

我们都逃不掉深深的孤独

《心是孤独的猎手》
作者：卡森·麦卡勒斯
译者：陈笑黎
出版社：上海三联书店

一

《心是孤独的猎手》是麦卡勒斯二十三岁时的作品，也是她的首部长篇小说。当时，美国南方有两个天才女作家，一个是奥康纳，一个是麦卡勒斯。奥康纳让人惊异，麦卡勒斯使人沉默。沉默并不是无话可说，而是想说却不知如何开口。

她抓住了人生的真相——我们都逃不掉深深的孤独。

孤独不是寂寞，无法在社交中排解，恰好相反，往往在人群中才更能体会到孤独。李安的电影《比利·林恩的中场战事》中，比利·林恩便处于一种孤独境地，因为拥有一段不一样的战场经历，很多东西无法说，说了无人听，听了无人懂。人和人之间根本不可能完全互相了解，灵魂装在一个个皮囊里，彼此隔离，终究无法碰到一起。孤独，是人生的常态。

《心是孤独的猎手》把这一状况写得淋漓尽致，这正是卡森·麦卡勒斯的天才之处。体会到人生孤独的境地并不困难，困难在于用文字构筑故事，塑造人物，并让读者可以感同身受，走进人物的内心，再返身回到自己。

二

《心是孤独的猎手》非常纯熟，一点都看不出是年轻人的处女作。小说写了一个美国南方的小镇，镇上几个人的生活。

我们首先认识的是哑巴辛格，他是一个珠宝匠。他和另一个哑巴生活在一起，每天一起上班，一起下班，一起做饭，一起度假。直到有一天，他的伙伴离开，他开始一个人生活。

然后，我们慢慢认识了餐厅老板比夫·布瑞农，十二岁的少女米克，黑人医生马迪·考普兰德，一个在游乐场当机械工的共产主义者杰克。

麦卡勒斯并不是从辛格的有限视角来讲述所有人的故事，也不是以上帝视角俯瞰世界，她好像一个魔法师，可以随时上升，拉高视角，飘浮在小镇的上空，知道所有人在做什么；同时，她又突然钻进餐厅，飘进米克的卧室，展示一个人的内心世界。

在写辛格时，她剖解给我们看，他有多么思念离开的伙伴，而后来他所认识的这些朋友，对此一点儿也不知道。他们因为辛格是哑巴而相信他能听懂他们的话，而事实是，他其实根本没有理解他们。

米克，这个十二岁的少女，她喜欢音乐，偷偷在别人的窗户底下听贝多芬，她喜欢雪，她想要离开。但现实生活却让她不得不离开学校，走向工作。她向辛格讲述她的烦恼、欲望和梦想，她喜欢辛格，她以为他理解她。

餐厅老板比夫·布瑞农，他守着一个二十四小时不打烊的餐厅，和妻子的关系疏离冷漠，他观察每一个来店里的客人，他对十二岁的米克有一种独特的喜欢，他把它压在心底。

黑人医生马迪·考普兰德已经老了，他一生都看重黑人同胞的命运，他严格地要求自己的孩子，但他的孩子们却违反了他，走入庸常的生活，全然没有一点儿上进心。他忧虑重重，自卑、敏感、孤独，他以为辛格能理解他。

杰克也是一样，他认为人分为两种，一种是“知道”的，一种是“不知道”的，他自己当然是“知道”的，辛格也应该“知道”。但其实辛格对他的马克思主义思想，根本不感兴趣。

麦卡勒斯写米克时，她变身十二岁的少女，她写马迪·考普兰德，又变成忧心忡忡的黑人。在这本小说里，每一个人都有不同的视角，每一个人都在讲述自己的故事。读者又从别人的视角中重新审视这一故事。并不只是“我”在述说，每个人也接受其他人物的评价。如此一来，人物更立体，也更加饱满，仿佛我们真的经历了他们的生活。

这样复杂的人物关系和内心状态，组织起来并不容易，但麦卡勒斯写得一点儿也不琐碎，反而吸引你一路读下去。回头去看，小说并未设置什么惊天的谜团，也没有什么难以解决的悬念，她能够吸引你读下去，首先是她的语言，她的细腻，她微微喑哑的幽灵般的情绪。再粗心的读者都会被她抓住。

三

1940年，《心是孤独的猎手》出版，麦卡勒斯二十三岁，同一年，二十岁的张爱玲正在香港读书，发表了《我的天才梦》。

读这本书，总是想到张爱玲，她们的文字里有相同的气质，一种看透人生虚无的能力，沉静、苍凉、悲悯。

毫无疑问，她们都是天才，可惜天才并不好运。张爱玲不必多说，麦卡勒斯更是倒霉，一生经历三次中风，二十九岁瘫痪，五十岁去世。

好在，她们都留下了作品，等着我们去读。

野草不知道为什么要活着

《呼兰河传》
作者：萧红
出版社：天津人民出版社

一

《呼兰河传》写于1940年，这一年，萧红二十九岁，离家十年。这十年里，她辗转大半个中国，终于抵达香港。这一年，张爱玲也在香港。二十岁，以《我的天才梦》参加《西风》三周年纪念征文，获荣誉奖，并获学校两项奖学金。

对张爱玲来说，这一年是她的时代的序曲。而对于萧红来说，她似乎还没有迎来自己的时代就要枯萎了。她患了肺结核，病得越来越重。

1941年，太平洋战争爆发，香港沦陷。张爱玲在《烬余录》里写下了她当时的经历。萧红的病不见好转。

1942年，萧红病逝，张爱玲回到上海。

之所以提到张爱玲，倒不是因为大家说到民国才女总是会举出她。而是她的文字中，都见着苍凉。

然而，天才和天才到底不同。

张爱玲出生城市，她的文字里有城市的味道，口红、时装、电车、公寓，她都喜欢。她喜欢这兴兴轰轰的时代，只是在花团锦簇里，她看见底子里的苍凉，人和人，各有算计，各有私心，热闹是热闹的，繁华是繁华的，人心里是冷的。

萧红出生农村。张爱玲在童年时期看到大人的虚伪，人和人之间的距离。萧红在童年时期看到的则是乡下人的愚昧，像牲口一样活着，甚至不如牲口。她也察觉到世间的荒凉，好像有一种命运似的东西，让这些人生生死死，无动于衷，既可悲，又可哀。她的荒凉，好像是秋天过后的田野，万物萧条。

张爱玲那里还有爱情，萧红这里，生存是最大的挣扎。

二

“严冬一封锁了大地的时候，则大地满地裂着口。”

这是《呼兰河传》的第一句话，第一句话就是冬天，就是裂口。这是作者为整本书定下的调子，好像我们坐在飞机上，隔着窗户，正远远看见下面满是裂口的大地。

然后，飞机降低高度。我们可以看见街道，看见人了。这时，喇叭响了，作者开始介绍这个小城，一横一竖两条主街，外带还有东二道街，西二道街，剩下的，不值一谈，只有一些小胡同。再然后，好像看幻灯片，作者开始介绍小城里的生活。要说生活，也没有什么大事，一年到头，精神上的享乐就是跳大神、扭秧歌、放河灯、看野台子戏、逛娘娘庙庙会，但每一件事，那画面都清楚得很，好像我们不在飞机上，而就在城里，就在当下。

接着，我们从飞机掉下来，进到城里，住到了一个大院，冬冬夏夏，看着身边的生活。

这是怎样的生活呢？

一句话概括：残忍而不知残忍，荒诞而不知荒诞。

这些东西，鲁迅是写过的。对此鲁迅愤怒，愤怒不争气，堕落到泥土里去，却并不以为意。萧红呢，她也看到这些春夏秋冬的重复里逆来顺受的麻木，但是她并不愤怒，她只是感到荒凉。

野草不知道为什么要活着，就这样生生死死，死死生生。可是，生，并不容易呀。她的文字里没有嘲讽，只有悲哀。悲哀一个个生命就这样浪费了，没有人可惜，连他们自己也不可惜，也不在乎。

按萧红的话，是这样——

“他们这种生活，似乎也是苦的。但是一天一天的，也就糊里糊涂的过去了，也就随着春夏秋冬，脱下单衣去，穿起棉衣来的过去了。

“生，老，病，死，都没有什么表示。生了就任其自然的长去，长大就长大，长不大就算了。

“老，来了也没有什么关系。眼花了，就不看；耳聋了，就不听；牙掉了，就整吞；走不动了，就瘫着。这有什么办法，谁老谁活该。

“逆来顺受，你说的生命可惜，我自己却不在乎。你看着危险，我却自以为得意。不得意怎么样？人生是苦多乐少。”

这就是他们的生存哲学，可以看到这里面强大的无力感。他们所能改变的太少，天要下雨，就下雨，地要干旱，就干旱，孩子死了，那么也只能死了。自己有什么办法？没有办法。于是，便就这么活着。

书中写到的有二伯，就是这样的人。你若问他有什么理想，那是想都不敢想的，活都活不过来，还往哪里想呢？什么都与我无关，什么事我都不关心，我就这么吊儿郎当地混着日子，不混着还能怎么办呢？没办法，那么就混着吧。

其实，这种心态，到今天，我们身体里怕还存着不少呢。

三

《呼兰河传》的前两章，概括地、导览式地写小城。第三章开始，以“我”的视角写身边的生活，是书中唯一一章快活的章节。

这时“我”还太小，所知道的少，只和爷爷一起在花园里玩，什么都是新的，都是可爱的。

第四章开始，作者用了好多好多个“荒凉”。

“我的家是荒凉的。”

“我家的院子是荒凉的。”

她开始带领我们去感受这些荒凉，主要写了小团圆媳妇、有二伯和冯歪嘴子的故事。

小团圆媳妇的故事，写得如在眼前，令人恨恨的，却也没有什么话说。小团圆媳妇就是童养媳，院子里老胡家里娶来的，只有十二岁。第一天来，所有人都去看，发表议论，吵吵嚷嚷。

然后，打。婆婆说：“给她一个下马威。”邻居们也说，是要打的。

为什么打呢？

也不为什么，总之心里有气没气，都要打。不打，显不出婆婆的地位。并且，不打她，还能打谁呢？

“有娘的，她不能打。她自己的儿子也舍不得打。打猫，她怕把猫打丢了。打狗，她怕把狗打跑了。打猪，怕打掉了斤两。打鸡，怕鸡不下蛋。唯独打这小团圆媳妇是一点毛病没有，她又不能跑掉，她又不能丢了，她又不会下蛋。反正也不是猪，打掉了一些斤两也不要紧，反正也不过秤。”

就打。死命打。

终于打出了病。家里似乎热闹了，大家都热闹了。街坊邻居，殷勤献计，各种偏方都来了。扎个纸替身，烧了。或者画个花脸，太丑，狐仙就不捉她走了。或者，吃个带毛的鸡，鸡吃到肚子里，灵魂里就有一只鸡，传说鬼是怕鸡的，这样就没事了。

总之大神天天跳，活活折磨着。大家都快活，毕竟一年到头，很少有什么热闹。

终于又有一个法子。洗澡，当众洗澡。大盆滚烫的水，让小团圆媳妇在里面浇，昏死过去了。冷水浇醒。第二天继续，如此洗了三回。

终于，死了。

“他们被父母生下来，没有什么希望，只希望吃饱了，穿暖了。但也吃不饱，也穿不暖。逆来的，顺受了。顺来的事情，却一辈子也没有。”

萧红写这个故事，语言还是活泼、流畅的，像河水一样，自然，毫无做作。同时，萧红的笔力极高，语言活灵活现，如临其境。

她写的不是一个人的故事。她也是女性，她是逃走了，逃离了那片轮回一样命定的土地，像一棵小草零落天涯。

实在，她写的也不仅仅是呼兰河，是千千万万这样的村庄、小城。《呼兰河传》几乎是中国乡土传，可以和费孝通《乡土中国》一起看的。

时间就像恶棍

《恶棍来访》
作者：詹妮弗·伊根
译者：张竝
出版社：重庆大学出版社

当你喜欢一本书时，可能出现两种情况，一种是想要热切地读完，一种是舍不得读完。《恶棍来访》属于后一种。

这本书的作者是詹妮弗·伊根，1962年出生于芝加哥，20世纪70年代在旧金山长大。目前，她和家人住在纽约，写小说，同时也为《纽约时报》等媒体撰稿。《恶棍来访》最初的篇章，就是在杂志上发表的。

《恶棍来访》是那种很亮眼的小说，它有股冲劲，形式上很有一些花样，书中不仅使用了第一人称、第三人称，还很少见地使用了第二人称，并尝试了各种各样的叙事口吻。不过，她不像莉迪亚·戴维斯那样直接取消了故事；也不像埃特加·凯雷特那样让故事一个个爆炸。詹妮弗·伊根仍然是在老老实实讲故事的，只不过，在她这里，不但故事本身重要，故事和故事的关系更重要。

《恶棍来访》是一张网，这张网由不同的故事编织而成，共十三篇小说，每一篇都可以独立存在，但同时，每一篇之间都互相影响。

《我才不管呢》是很重要的一篇，它写了20世纪70年代旧金山的一群年轻学生，他们玩乐队，他们吸大麻，他们挥霍青春。故事的主角“我”是一个满脸雀斑的女孩，“我”喜欢本尼，本尼喜欢艾丽丝，艾丽丝喜欢斯科特，斯科特喜欢乔瑟琳，而乔瑟琳有一个四十岁的情人卢。这篇小说很迷幻，同时很细腻地展现了少女的青春情绪，那种稍纵即逝躁动不安的气息。

接着，第四篇就以卢的女儿为主角，写了在《我才不管呢》里提到的，卢和孩子们曾经的一次旅行。詹妮弗·伊根接受采访时说："我想把一个故事中的边缘人物变成他们自己的故事的主体。我喜欢制造那种激变——使不经意中一眼扫过的人日后成为绝对的中心。"

这也是我很感兴趣的主题，当我们走在人群里，好像共享同一个宇宙，但实际上，我们每个人都是宇宙的中心，这个宇宙朝外辐射，和其他人的宇宙产生交集。我们每一个人看世界，都只能从自己的宇宙看出去。而《恶棍来访》提供了一种可能，让我们跳脱肉身，在同一个网络里，不停地进出不同人物的故事，一次次感到惊异。

其实，这样的技法很多作家都玩过，比如舍伍德·安德森的《小城畸人》，或者麦卡勒斯的《心是孤独的猎手》。在《小城畸人》里，作者以十八岁的青年乔治·威拉德穿起了整个镇子的人物；在《心是孤独的猎手》里，五个人物互相关联，在不同的章节里，作者带领我们分别走进五个人物的内心，感受他们的孤独。

为什么要这样做呢？为什么要费尽心思地设置故事的互文性，不能就好好地讲一个故事吗？

原因很简单：这样做效果更好，或者说，唯有如此，才能更好地达到作者想要达到的目的。《小城畸人》写的是一个镇子在城市化来临时期的震动,《心是孤独的猎手》指向的是所有人心中的孤独。当不止一个人物站上画布，那些更大一些的主题才能被更好地捕捉到。

《恶棍来访》也是如此，它写的是时间流逝。若没有这一张网，这一目的就无法达到。当我们在第一篇里认识里萨莎时，知道了她有一个老板叫作本尼。当我们在第二篇里走进中年本尼的生活，窥视了他和儿子的相处，以及他的中年危机。当在第三篇里回到70年代的旧金山，我们走进了本尼伙伴们的青春岁月。我们是在进行时间旅行，也感受到时间的残酷。

最能表现这一残酷的是第六篇《X's和O's》，这篇的主角是斯科特，在第三篇里，他是本尼最好的朋友，那时他们青春年少，在旧金山一起玩乐队。而在这篇小说里，时间过去了二十年，本尼已经成为著名的音乐制作人，在纽约某高级写字楼里办公，而斯科特刚刚离婚，住在一间小小的出租屋里。故事的主要情节是斯科特发现了本尼也在这个城市，想要去看看他。然后，就像你能够想象的，他们坐在本尼豪华的办公室里，已经无法沟通。时间改变了一切。

因为没有长篇小说那样顺流直下的叙述，很多人的变化是突如其来的。和生活一样，你不知道你眼前认识的这个朋友曾经经历过什么，你也无法预测多少年后，你们各自身在何方，所做何事。

詹妮弗·伊根说："随时间流逝看事物衍变，这是我的一大兴趣。我想知道谁撑住了，谁放弃了，为何有些事情看似会毁掉你的将来却没有，又为何有些人貌似生活安逸却遭变故。"

我们永远搞不清楚这一切是怎么发生的。猛然惊醒，时间已逝。

这本书的书名所说的"恶棍"，正是时间。

再读卡佛

《当我们谈论爱情时我们在谈论什么》
作者：雷蒙德·卡佛
译者：小二
出版社：译林出版社

那几天，我坐了两趟火车，读完了两本书，其中一本是《当我们谈论爱情时我们在谈论什么》，这是雷蒙德·卡佛的代表作，收录了十七篇短篇小说。这是我第二次读它，比第一次感受更多，也更喜欢。

这本书出版于1981年。这一年卡佛四十三岁，人到中年，经济窘迫，虽然已经出版了两本小说集和三本诗集，但是还谈不上靠写作生活。事实上，一直以来，写作都是他生活之外的奢侈品。

1938年，卡佛出生于俄勒冈西北部一个小城的工人之家，父亲是锯木工，酗酒；母亲是饭店招待兼推销员。他高中毕业就和父亲一起在锯木厂工作，十九岁那年就结了婚，年纪很轻时就有了两个孩子。他虽然一直写作，但在生活中，他的身份是加油站工人、清洁工、看门人。他和父亲一样，酗酒并且抽烟，虽然他后来成功地把酒戒了，但是吸烟还是毁掉了他的肺，1988年8月2日，他死于肺癌。

生活有时候就是这么残忍，如果卡佛的生活不是这样，就不可能有卡佛的小说，至少，不会是这一种卡佛。这一种卡佛，写下的全部是如同他一样在生活中挣扎的普通人，甚至是失败者，普通女工、服务员、年轻人，他们酗酒、养孩子、出轨，他们跌落在生活的泥沼里，无法自拔，只能互相埋怨、诋毁、消耗，他们的生活中谈不上梦想。他们想的仅仅是生活而已，而生活并不善待他们。

在《当爱》获得成功之后，批评界给卡佛这些看起来不一样的小说打上了一个新的标签——“极简主义”。虽然卡佛不喜欢，但这个标签确实属于他。他的小说在形式上有着全然不同的样貌，大多数时候，我们不知道故事从何展开，也感受不到高潮，它像是一锅温水，慢慢煮，慢慢煮，没有煮开，然后就结束了。

很多人抱怨卡佛的小说读不懂，一部分原因，正是卡佛小说的形式制造了障碍。他比海明威做得还过分，他抽掉了一个事件最重要的部分，诸如人物的心理状态、动机、行动甚至结局。虽然读完了小说，但是人物和故事并未完全展开，你很有可能不理解这个人，也没搞懂到底发生了什么。中国读者还有一个习惯，喜欢问“作者到底要表达什么”，这对卡佛，就更难了。

但同时，这也是阅读卡佛的乐趣，他从来不告诉你全部，你要去想，去猜，去注意每一个词语，每一句话，而当你发现了那把钥匙，一切都会豁然开朗。这时，迎接你的将是一个个忧伤的故事，是一种对于这个世界和整个生命的惶惶无力之感。

他的小说，就像生活本身，行为充满矛盾，交谈充满歧义，人生充满无意义，这里没有多少戏剧化的事件，也不会有多少传奇故事，他们只是活着，应付一个又一个的日子，度过它，或者度不过。

卡佛写的，往往是那些度过和度不过之间的状态。

比如这本书的第一篇《你们为什么不跳舞》。它写的是一件很简单的小事：有一个男人在后院卖二手家具，有两个年轻人来买，这个男人请他们喝酒，放歌给他们听，请他们跳舞。没了。就是这样。当然不仅仅是这样，虽然小说中一点都没有提，但是我们从这个男人仔细打量所有的家具，他去买酒，他对于价钱无所谓的态度，可以明显感受到，这是一个失去了生活的男人，我们不知道具体发生了什么，但一定发生了什么，也许是他和妻子离婚了，也许是妻子去世了，总之现在这个房子里就剩下他一个人，以及这些家具。

《取景框》是一个类似的故事。一个没有双手的人（手上安着铁钩子）到处给别人的房子拍照，然后让房主花钱买他的照片。小说中的房主本来很不耐烦，但是后来改变了主意，一下买了好几张，还大拍特拍了起来。发生了什么？关键在于拍照人的一句话，他说："我曾经有过孩子，和你一样。"他举起安着钩子的手继续说："是他们让我成了现在这个样子。"由此，我们终于了解，这个房主也是一个被孩子抛弃的老人，他一个人住在这个房子里，而"他们不会回来了"。在这篇小说里，作者一点没有透露"我"（房主）是什么样的一个人，是男人还是女人，是老人还是年轻人，这一切都要读者去琢磨。

卡佛的所有小说都是这样，它在乎的不是情节和故事，而是意犹未尽的那个“意”，是弦外之音的那个“音”，是一种感觉，或者说情绪。如果你抓住了这种情绪，就进入了卡佛的小说。

为此，卡佛的小说常常只有一个场景，只需要这一个场景，让一两个，或两三个（最多四个）人物在这里交谈，让他们说出一些话。但是更多的话没有说出来。

《严肃的谈话》就发生在一个场景里，写一对离婚后的夫妻无法抵达对方的谈话；《纸袋》也是在一个场景里，写的是一对父子在机场见面，父亲向儿子讲述多年前他出轨时的情况，讲完，他们分手，儿子坐飞机回去。一场见面，我们不知道关于他们的更多信息，但这一个场景像照片一样被保存下来，照片中两个男子，疲惫，坐在餐桌的对面，一个在说，一个在听，但在说的无法说出他的全部意思，在听的没法明白对方的心声，就这么结束，好像没有一个真正的结果。

我喜欢这本小说，正是因为它表达出了我们生活中常常遇到的哑然时刻，那些我们想说却不说的话，那些挣扎和沉默。当然，这是一本现代小说。故事中的人物对生活不满，这正是一种现代病，一种当个人理想舒展开之后，却得不到回馈的尴尬和沮丧。我们大多数人，不都曾在这度过和度不过之间徘徊过吗！

最后，有必要说明，实际上有两个卡佛。这本书虽然出自卡佛之手，但也经过了编辑戈登·利什的大量删改。正是经过编辑的删改，“极简主义”才出现。可以说，这本书是编辑和卡佛的共同创作。为此，卡佛当然不很开心。很多年后，这本书以原貌的形式再次出版，名为《新手》，在那里，大家会看到一个更絮叨，更平和的卡佛。

作为读者，只要读就好了。就算有一天有人发现原来《当我们谈论爱情时我们在谈论什么》不是卡佛写的，我仍然喜欢这本书。

嗯，我喜欢的就是这本书，而已。

一个『渣男』的处女作

《米格尔街》
作者：V. S. 奈保尔
译者：张琪
出版社：南海出版公司

一

用现在的流行语，2001年获得诺贝尔文学奖的V. S.奈保尔是个十足的渣男，他几乎耗尽了妻子的一生。奈保尔与第一任妻子帕特结婚于1955年，那时候他才二十三岁，刚刚从牛津大学毕业，是个穷小子，既没背景，也没有钱，还是个莫名其妙的外国人。

按血统来说，他是印度人，但是他出生在中美洲一个叫特立尼达的小国家，那是个殖民地，又穷又破，当他终于考入牛津大学来到英国时，就再不准备回去了。

奈保尔正是在牛津读书时认识了帕特。这个英国女孩比奈保尔大十七天，受过良好的教育。帕特的父母想要禁止女儿和这个印度人交往，但是没辙，两人情投意合，很快结婚，而且是悄悄把婚事办了，当时双方家庭都不知道。

奈保尔的不靠谱在当时就显露出来，他甚至连婚戒都没有给帕特买。更严重的是，在婚后不久，奈保尔就开始召妓。他曾在接受美国媒体采访时说："我无法去追求其他的女人，因为这耗费时间。如果你想引诱一个女人，如果你的婚姻在各方面都不如意，你就无法决定这样去追求，这需要很多天，很多星期的时间，这等于是放弃事业。"所以，他不间断地召妓。

不过他也没有放弃情人。1972年时，奈保尔因为要写一篇关于阿根廷政局的文章而认识了玛格丽特。她当时三十岁，已经结婚并有了三个孩子。玛格丽特和奈保尔好上了，但是永远是一个没有身份的小三。她放弃了丈夫和三个孩子，奈保尔却并不想为此负多少责任。玛格丽特多次怀孕被迫流产，奈保尔甚至不愿意付打胎费，要么装聋作哑，要么骂她想敲诈勒索。在和情人的纠结中，奈保尔并未离婚。帕特勤勤恳恳地作为他的助理存在于生活中，直到1996年因病去世。帕特终生未育。

在帕特去世前，奈保尔已经有了新的情人，一个比他小二十岁的记者纳迪拉。帕特去世之后，奈保尔火速与纳迪拉结婚。现在，已经八十多岁的奈保尔和现任妻子纳迪拉一起生活，纳迪拉是个强势的女人，他终于被降服了。

除了在婚姻上的行事风格，奈保尔在谈论很多问题时都很“毒舌”，不好相处。当然，这并不妨碍他仍然是一位出色的作家。

事实上，他的处女作《米格尔街》已经相当出色。

二

我是在火车上读完这本小说的，同时在读的还有卡佛的《当我们谈论爱情时我们在谈论什么》，很巧，这两本书都包含十七篇小说，不过除此之外，它们没有任何共同点。

《当我们谈论爱情时我们在谈论什么》写的是美国蓝领阶

层的挣扎生活，它是灰色的，文字间有一种强烈的无力感和挫败感。

《米格尔街》写的也是底层，是特立尼达这个殖民地小国贫民窟里的众生相，然而这本书的调子不灰暗，它是金黄色的——黄昏的那种颜色。

造成这一效果的原因是奈保尔采用了童年视角。这是最干净的一种视角，在这个视角里，贫穷从来不是一种问题，成功远没有那么重要，人人都在发光，每个人都是一个谜。

我们都有这样的经验，小时候觉得一条街好大，长大了发现，原来那条街很小，甚至房子都变小了。人也一样，小时候，看街边修自行车的，津津有味，觉得他很了不起，长大后，走过他的身旁再也没有一点好奇，最多也许会生出一点同情。

《米格尔街》里没有同情，没有一点点居高临下，他是仰视的，童年视角对整条街上的一切都是仰视的，于是，每一个故事，都变得轻盈起来，甚至传奇起来。

当然，如果换一个写法，这条街上的人们简直太惨了：曼曼是一个疯子一样的人物，四处游荡，试图引起注意；B.华兹华斯是一个乞丐，同时也是一个诗人，他卖诗，四分钱一首，但是一首也没有卖出去；劳拉是一个单身母亲，她有八个孩子，八个孩子有七个父亲；巴库叔叔喜欢修汽车，但是他总是越修越坏，巴库的老婆鼓动巴库做各种生意，但是没有一种成功；博勒是一个理发师，一个老人，他不相信任何报纸，也不相信任何希望，他中了彩票，但是他把它撕碎了。

人物一样，写法不同，效果也就会不一样。在奈保尔的笔下，这条街虽然被外人称为贫民窟，但是这里的人们活得生机勃勃，生趣盎然。每一个人物，在“我”的叙述下，都带有传奇色彩，他们在故事里获得了尊严。

在诺贝尔文学奖的演讲中，奈保尔回忆了写作这一本书的过程，他说：“我希望我能一蹴而就，避免过多的自我拷问，因此我简化了一切。我简化了儿童讲述者的背景，忽略了街道上种族和社会复杂性。我什么都不解释，简单到底。”

这种简单让小说可以超脱社会、历史层面而独立存在，它砍掉了那些枝枝蔓蔓的牵绊，所以可以飞起来。后来，奈保尔写了很多很重的游记，但还是《米格尔街》更受时间宠爱。阅读《米格尔街》不要问“作者要表达什么”，它就是纯粹的故事，如果非要说它是什么，它是奈保尔和童年时代的告别，在最后一篇里，“我”获得了牛津大学的奖学金，即将离开米格尔街。这时候，“我开始带着批判的眼光审视周围的人。我不再希望成为艾多斯那样的人了。他太瘦弱，我以前一直没有意识到他个头是这么小。在我看来，泰特斯·霍伊特也是又笨又乏味，没有一点意思。一切都变了”。

成长，就是这么一个从充满故事和传奇的世界走向乏味和现实的世界的过程。奈保尔用文字保留了他的童年。在这个时候，他想不到自己日后会获得诺贝尔文学奖，也想不到会被传记作者写成一个渣男。在这个时候，世界是金黄色的，闪闪发光。

一本看过就忘的书

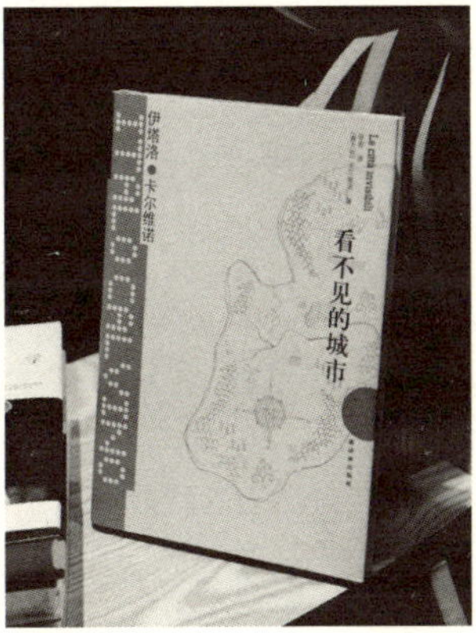

《看不见的城市》
作者：伊塔洛·卡尔维诺
译者：张密
出版社：译林出版社

一本书看完了却好像没有看过，这样的经验大家常常都有，遗忘也是记忆的一部分，这没有办法。可是如果一本书你刚刚看完，就忘得一干二净，又该怎么说呢？

我现在正遇上这样一个问题，上午看完卡尔维诺的《看不见的城市》，下午已经什么也记不起来了，是我的记忆力衰退得太厉害，还是这本书有什么魔力？要回答这个问题，有两个方向，要么从我的脑袋找原因，要么从书出发，找找它的原因，我当然选择先从书的这条线索来看看吧。

按理说，这本书的嫌疑其实也不大，一来，它不是那种佶屈聱牙的学术论文，喜欢大规模使用专有名词，让你的大脑直接短路；二来，它也不同于《百年孤独》这种人物繁多时空混乱的鸿篇巨制，让你看了后面忘了前面。

它是一本很规矩的书，字数不多不少，单篇阅读难度不高。不过骨子里，它倒是蛮叛逆的，作为小说的儿子，它几乎完全背叛了小说，情节、人物、故事这些重要特征，它统统舍弃，全然不顾别人怎么看它。如果非要概括一下内容，倒也简单，这本书是马可·波罗给忽必烈讲述旅途中所见各色城市的记录。我们都知道马可·波罗曾经到过中国，进过忽必烈的皇宫，我们也知道很多年后，马可·波罗在监狱里鼓捣出了一本游记，记录了他东去的故事。但是，关于他对忽必烈说了什么，我们不得而知，他有没有向这位帝国的皇帝描绘遥远异乡的各色城市，有没有透露一点点关于威尼斯的美丽风情，我们仍然不得而知。

既然我们都不知道，于是卡尔维诺有活可干。他像一个泥瓦匠，或者说像一只蜘蛛，他一砖一瓦地搭建起一个房间，他一根一根地吐出蛛丝，他一字一字地虚构出一个城市。他将房间连着房间，建起迷宫，他将蛛丝连着蛛丝，拉起蛛网，他将文章整合排列，打造成这本书。

他是一个有眼光的泥瓦匠，是一只老奸巨猾的蜘蛛，是一个深谋远虑的创作者。

现在，你对这本书有了一个大概的了解了吗？它用精致的语言描述了五十五个城市，这些城市有着不同的名字（它们都是女孩的名字，所以非常悦耳），它们各有不同特点，有的在云端，有的在水上，有的昌盛，有的衰落，它们都各有自己的命运和子民，他们都来自远方。在描述这五十五个城市的文章中间，穿插着马可·波罗和忽必烈的对话，他们的独白、叹息和辩论。

我想现在你应该理解我为什么看过就忘了。这本书不是一根矛，或者一支枪，它更像一面地图，广袤大地上标注着城市的名称和面貌。我们往往可以记下一个故事，但无法记下一张地图，我们可以跟踪一条线，但是无法掌握一整个面。

虽然我跟随马可·波罗一个城市一个城市地经过，但是我的速度太快了，并且每个城市都太抽象，它们来不及进入我的记忆，就被我抛下，因为我急着赶去下一个城市。不过，就算我走慢一点，甚至在一个城市住下来，我也不见得就能对这本书有更深的了解，因为一个城市的文字并不显露更多，只有我们走得远一点，将点连成线织成网，这本书的样貌才清晰显现。

也就是说，不是我的大脑出了问题，是卡尔维诺压根就不想让我记住。为什么呢？为什么他写了一本书却想方设法不让读者记住呢？

不可能！当然不可能。因为我还是记住了，我记住了这张网，记住了由五十五个城市组成的充满异域风情几乎有《一千零一夜》色彩的一本书。这种形式上的精致，任谁都不会忘的。

可是，仅仅需要形式就够了吗？难道卡尔维诺写了一本这样充满寓言性质的书就是为了结构上的快乐和圆满？他一定还有一些别的深意吧？

这是很多读过这本书的读者必然的困惑和疑问，在终于走完了这座由城市建筑的迷宫之后，读者想要一个答案。为什么？为什么我要走这一遭？你要表达什么？是我没有接收到你的意思吗？你到底要说什么？

别急，我在卡尔维诺写的关于这本书的文章中找到了这么一句话："我相信这本书所唤起的并不仅仅是一个与时间无关的城市概念，而是在书中展开了一种时而含蓄时而清晰的关于现代城市的讨论。"

也就是说，这本书是作者在和我们交换关于城市的观念和想法，并且，它不是一篇完整的条理清晰的论文，它有许多散落的点，需要我们自己去拾起。而因为我们每个人都不可能是写下这本书的人，所以我们不可能拾起每一个点，总归有被我们发现的，也有被我们遗漏的。就像一趟旅程，总有记忆深刻的，也有模糊不清的。

对于我来说，"连绵的城市"主题下的关于城市同质化，丧失个性，变得面目模糊的担忧，感受颇深。这是我可以把玩的贝壳，而每一个人，都可以在这个海滩上，拾到自己的贝壳。

我又在卡尔维诺写的关于这本书的文章中找到了这么一句话："这部书变得就像是一些想象出来的大陆，在这里，另一些文学作品找到它们的空间；这些别处的大陆，在今天可以说已经不存在了，整个世界的趋向变得一致。"

当书中的奇幻城市展现出它的陌生的时候，这本书，也在文学世界里展现自己的独特。它是"大陆"的"别处"，而

“别处”的美，总是在我们已经熟知了“此地”之后才容易发现的。

我又在卡尔维诺写的关于这本书的文章中找到了这么一句话：“它差不多变成了一本日记，记录下我的心情与思考；所有的一切最后都转变成了城市的图像；我当时读的那些书，我参观的那些艺术展览，与朋友们的交谈。”

所以，这些城市，都是卡尔维诺的分身，就像书中马可·波罗向忽必烈暗示的，所有的城市，都是威尼斯。

面对这本书，我们可以有很多种选择。即使忘了，还可以重来。

卖跳跳糖的小说家

《突然，响起一阵敲门声》
作者：埃特加·凯雷特
译者：楼武挺
出版社：人民文学出版社

当时，飞机还没起飞，人们打开手机做最后一次查看，有人在通话，有人沉默地看着窗外，有人担心飞机会在一个小时后坠毁，有人计划两个小时后和情人会面，有人准备睡觉，有人已经睡着了。

我就是在这个时候看到那个故事的，那真是一个美妙的故事，一个关于谎言的故事，它叫作《谎言之境》。

你撒过谎吧，撒谎有时候是一种创造。在谎言里，你改变了现实的构造，你去了一个没有去过的地方，有了一个原本没有的远房亲戚，生了一场没生过的病，经历了一次没经历的交通事故。很奇妙，当有人迫不得已撒谎时，总是会说出一个悲剧，这样似乎比较容易令人信服。

一个叫埃特加·凯雷特的以色列男人写了这个故事，他是一个小说家，专门写短篇小说，他在以色列很有名，他的小说甚至选入了高中课本。他个子不高，生于1967年，他有一个妻子和一个儿子，他的儿子喜欢问别人是什么动物，埃特加·凯雷特认为自己是只兔子，因为他有两颗大门牙，并且他吃东西很快。他们家养了两只猫，可是他对猫过敏。他拍过一部电影，入围过戛纳电影节，他还写绘本，他是一个中年男人，一个犹太人，一个作家，我对他的了解并不多。

在这个故事里，有一条隧道。那条隧道藏在一块石头底下，如果你把手伸进去，够到一个把手，扭动它，你的手里就会多出一块泡泡糖，这时候你睁开眼睛，会发现自己到了一个全白的世界，噢，这就是谎言之境。

在这个并不长的故事里，我们的主人公遇到了他小时候撒过的谎，比如一只残废的狗，那是它编造出来以对付上学迟到这个难题的。他还遇到了一个小混混，他被打了一顿，就像他曾经在谎话里说的那样。

这个想法太棒了，光是发明出谎言之境就很棒，因为它像是另一个爱丽丝的兔子洞。更棒的是，这个故事逼迫你去思考那些生活中的细微之处——那些无足轻重的谎言，也许会自成一个世界。

埃特加·凯雷特的故事总是这样稀奇古怪，它们都很短，并且有趣。他自己曾说过，他的小说，就像爆炸。他没法把故事写长，因为爆炸总是在一瞬间完成的。我小时候吃过一种零食，叫作跳跳糖，它们是五颜六色的小颗粒，把它们倒在舌头上，不消一秒钟，就会听到噼里啪啦的声音，它们在你的舌头上爆炸了，那感觉真爽。

看埃特加·凯雷特的小说就像吃跳跳糖，它们噼里啪啦地接连不断地给你刺激。埃特加·凯雷特有一种神经质的天赋，他善于将现实生活中的场景重新组装，把它们变成奇怪的样子，就像长着一双大手卖气球的人，在你面前不费力气地扎出了一只小狗。它会使你惊奇，惊奇就是喜悦的来源，因为你从来没有经历过这样的事，但是如果再回味一下，跳跳糖还有药味，它提示着某些现代病。

埃特加·凯雷特喜欢卡夫卡，我们都读过那篇活人变甲虫的小说，它太让人惊奇了——一个人变成了甲虫，但是他又没有完全变成甲虫。

从前，说故事的人不会这样使用魔法，魔法有魔法的世界，现实有现实的世界，卡夫卡的这篇小说让魔法进入了现实。小朋友们会问，变成甲虫之后，不可以飞走吗？可以到森林里去呀，干吗还要上班？所以卡夫卡是给大人看的，大人活了这么久，终于知道，因为飞不走呀。这有点伤感，甚至是悲伤。埃特加·凯雷特的小说里虽然总是有好笑的事发生，但也深藏着一些看不见的悲伤，关于这些悲伤的部分，我想到了卡佛，卡佛写的也是城市生活中的细微之处，但是他诉诸偶然，而不是魔法。不过读他们的小说，会有一个共同的感受，那就是，这是关于我们这个世界的小说，这些碎片化的、稀奇古怪的、悲伤的、荒诞的、不知所措的故事，就是我们的生活。

《突然，响起一阵敲门声》里，还有很多这样的故事。《拉开拉链》有点惊悚，我们的舌头底下有一个拉链，有一天，你把睡在你旁边的那个人的拉链拉开了，皮囊之下，他是一个新的人，另一个人。《白日做梦》写了一个永远在白日做梦的人，他闭着眼睛开车，说着另一种生活，在他的诉说里，他有另一个家庭、孩子和事业。我们被生活禁锢了，只好在梦里换一种生活。

长篇小说做不了这样的事，长篇小说不能是跳跳糖，那样舌头会麻掉的。

所以埃特加·凯雷特只写短篇，他是个诚实的魔术师，他卖跳跳糖。

一个爱哭的男人

《美好的七年》
作者：埃特加·凯雷特
译者：方铁
出版社：上海文艺出版社

他是一个爱哭的男人。他是一个好人。

我们是在一列火车上遇到的，他坐在我的旁边。一开始我没打算和他说话，他是个外国人，年纪比我大很多，我觉得我们之间不会有共同话题，并且我的英语很糟糕，可是不知道为什么我们搭上话了，并且一路说个不停直到火车抵达目的地我们才握手告别。

他不说话的时候看起来很严肃，说起话来则滔滔不绝，有时候他说得太大声，旁边的乘客会朝我们投来责备的目光，有时候他又在抽泣，是的，一个四五十岁的男人当着我的面哭起来，这真叫人不知道怎么办，不过他说的故事，确实很适合哭，我也哭了，我在递给他餐巾纸的时候低下头把眼泪擦掉，希望没有人看见。如果别人看见两个男人在火车上哭起来，一定会感到奇怪吧。

他不是美国人，也不是英国人，他来自以色列。也许因为我对他一点都不熟悉，所以他跟我说了很多自己的事情。

“我妈妈是波兰人，”他很平静地说，“她小时候碰上了纳粹，当然，所有人都碰到了纳粹。她很幸运，她活了下来，但是她失去了妈妈、爸爸和弟弟，她后来被送到了孤儿院，辗转到法国，最后去了以色列。她在那里遇到了我的爸爸，对了，你认识犹太人吗？”

我说我不认识。他说犹太人仿佛一出生就带着原罪，因为这重身份，他有点过于敏感，有一次在德国旅行，他差点和一个喝醉酒的大汉打了起来，后来朋友告诉他那是一场误会，他会错了意，他的德语不是很好，他以为那个男人在向他吼“犹太佬，滚出去”，其实那个男人不过是在说门口的车子停错了位置。

“回到我的妈妈，她是个好人，我的爸爸也是个好人。他得了癌症，一开始治好了，但是四年之后复发，医生告诉我们他活不长了。他八十四岁，是个乐观的老头，他从很多绝境走过来，他对自己的命运一点也不担心，他也经历了纳粹。他想要做手术，他不怕困难，但是他还是去世了。”说到这里，他的眼睛里已经含着泪了。

我为了使场面缓和一点，岔开了话题，“你是做什么的？”我问。

“噢，我是个作家。你知道吗？我一直记得那个晚上，我坐在出租车里的事情。”他不打算理我，又继续说了下去：“那真是糟糕的一天。我从医院里打车回家，我的妻子流产了，她出了很多血，一开始我们觉得不是很要紧，但是医生的反应让我吓了一跳。我知道我做得太糟糕了。我的父亲，我对你说过的，他正准备去做手术，但是我们都知道，手术并不能帮到他。我坐在出租车里，看着窗外，脑子里想起小时候父亲带着我们搬家的情景。他买了一栋房子，但是没钱装地板，于是他和地产公司达成了协议，地产公司免费帮我们装好地板，作为交换，我们的新家将成为样板间供人参观。

有一次我正在洗澡，突然浴室里闯进两个陌生人，那感觉很奇妙，你懂吗？我爸爸是个好人，他总是有办法，可是他马上就要死了，我的妻子刚刚流产。”

“更糟糕的是那个出租车司机一直不停地唠叨前一天他出的一场事故，他赔了别人钱，他觉得不公平。我忍了很久，终于朝他发火了，他只不过是失去了两千块钱，而我呢，我狠狠地问他愿不愿意和我的处境交换，他沉默了，也许他心里在庆幸自己没有像我这么倒霉，如果是我，我也会庆幸的。可是更倒霉的是，后来我们的车被撞了，救护车把我送到医院。我躺在担架上的时候，我爸爸打电话给我，他问我今天过得怎么样，我的儿子还好吗，我说很好，一切都好，他说为什么那么吵，我说楼下经过了一辆救护车，他说，你干吗哭了，我说没事，真的没事。”

我转过脸看他，他看着窗外，眼睛里又流下了泪水。

我再次准备转移话题：“当作家应该是件很有意思的事情吧？你们可以创造很多故事，我以前也想当作家。”

“是的，创造故事是很愉快的事情。我总是会想，如果我不是我，我会是谁，小时候人人都会这么想。我十九岁那一年，正在当兵，我在地下深处一个与世隔绝没有窗户的值班房里写下了我的第一个故事，我既兴奋又恐惧。后来，我把这个故事给我哥哥看，他说我写得很棒，然后我就继续写下去了，一直写到现在。”他展开了笑脸，“顺便说一句，我的哥哥也是一个很棒的人。”

“为什么你要和我说这些呢？”在他告诉我他的妻子、他的儿子、他的父母的故事之后，我终于问出了这个问题。

“因为我的父亲去世了。”

我们沉默了一会儿。我开始想起我的父亲，他正在老家，在我很小的时候，他失去了工作，跑到千里之外的陌生城市打工，我长大之后，他回到老家，在一家工厂里工作，循环了一圈，他又回去了。他也长出了白头发，我希望他打麻将的时候能赢钱，他会很高兴的。

“你也想当一个作家吗？”他重新开口。

“是的，以前想。”我不好意思地说。

“不要做一个天使，”他很肯定地看着我，“如果你是个天使，你就和人间离得太远了。正因为我们都在此岸，被泥土和污物埋到了脖子，我们才能正确地履行自己的使命，写作者不是先知和圣人，他只是罪人，具有某种更敏锐的用语言描述出我们无法描述的感觉的能力罢了。”

“谢谢你。听你的故事，我知道你是个好作家。”

“也许是吧，谁知道呢？”

“对了，可以问一下你叫什么名字吗？我想去找找你的书看。”

“我叫埃特加·凯雷特。我刚刚有一本书在中国出版，叫作《美好的七年》，也许你会喜欢，事实上我这一次来中国就是为了它。”

“我会去看的，你接下来去哪儿呢？”火车已经到站了，我们在收拾行李。

“我要赶一趟飞机，十几个小时后我会回到以色列。很高兴遇见你。”他和我握手，然后走进了人群。

我下了火车后，又坐了一趟地铁，在地铁上我总是想到这个以色列男人，他是一个活生生的人，一个活生生的有欢喜和悲伤、会哭会笑的人，就像他说的，他在我们这一边。能遇见他真是太好了，他告诉我好的文学不需要宏大的意义，好的文学要发自内心。

再见，埃特加·凯雷特，说不定我们还会再见面的，祝你生活愉快。

年轻的日子会发光

《蒂凡尼的早餐》
作者：杜鲁门·卡波特
译者：董乐山、朱子仪
出版社：南海出版公司

最近读了杜鲁门·卡波特的《蒂凡尼的早餐》。很抱歉，我对杜鲁门·卡波特不熟，对蒂凡尼更不熟。然而，读书不必先管作者，看了再说。看完了，喜欢，从此逛书店又有了一个熟人，在书架上碰到了，不买，也可以拿下来翻翻；不喜欢，那就不喜欢，从此一拍两散，也没什么关系。

《蒂凡尼的早餐》喜欢吗？喜欢。

这小说不长，几万字而已，写的是一段年轻时候的邂逅，一个消失不见的朋友。

小说出版在1958年，销量很好，评价也不错。1961年被拍成电影，奥黛丽·赫本主演，声名大噪。村上春树说，奥黛丽·赫本把书中的女主角赫莉·戈莱特演偏了，因为这位知名女演员并不具备赫莉身上“那种惊世骇俗的奔放、在性上的开放，以及纯洁的放荡感”。

我没有看过那部电影，所以无法评价奥黛丽·赫本演得怎么样，只能回到书本，谈谈这本书。这是一本城市之书，一本年轻之书。如果你也正好年轻，孤独，并且纯粹，它会击中你。

先说城市。中国几十年经济发展，大批人移居城市。留是留下来了，文学没长出来。按理说，城市生活已经成为大众生活的基本面，可是杰出的文学作品在这个领域里，基本失语。张爱玲的小说散文里倒是有，可惜那是民国了，如今的作家们，常常还是在写乡土，写城市的，要么总觉得是县城或小镇，要么就是几十年变迁的写法，文字里没有城市感觉。

什么是城市感觉？哈哈，这是我发明的词，没有明确的定义，总之就是一种只有在城市里生活才有的感觉。比如说，超市，巨大的超市，逛超市是一种城市感觉。比如说邻居，不清楚你的邻居是谁，不关心邻居，是一种城市感觉。比如说高楼大厦，站在街角，楼高到云里去，你每天从这里经过，不知道楼里都住着什么人，做着什么事，这是一种城市感觉。

分解一下，就是一种个体独立，但是泯然于众人的感觉。人与人的关系是若即若离的，是不确定的，城市的空间是陌生的、巨大的、兴奋的，同时也是疏离的、冰冷的、孤独的。这些感觉，《欢乐颂》这样的电视剧表现不出来，它们只呈现表面的状态，内心的东西，触不到。

杜鲁门·卡波特的这本《蒂凡尼的早餐》做到了，这是一本有关都市的书，只有在都市里才会有这样的故事，才会有这样的人。

整本小说，围绕的就是赫莉·戈莱特这个人。这是一个怎样的人呢？一个年轻女人，没人知道她的来历，她租住在一栋居民楼里，总是忘带钥匙，于是麻烦邻居帮她开楼下的大门。她长得不错，想要当明星，可是并不顺利，不过她和名流社交圈打得火热。她养了一只猫，但没有给猫取名字，她说她和猫都是自由的，随时可以分手。

书中的第一人称叙述者“我”是她的邻居，因为帮她开门而相识，成了朋友，经常聊天。整本小说，情节没有多曲折，就是一段很可能我们都经历过的事情：曾经你认识的一个朋友，离开了。现在，“我”在回忆这位朋友。

回忆的，是年轻时候的事。年轻是一种特权，有些事情，这个时候做，没什么，但过了这个年龄，就会变得可笑，甚至可悲。年轻人可以纯粹，纯粹到不谙世事，不知天高地厚，可以敏感，可以有一颗游荡世界的心，可以浪漫，可以激烈。

这部小说里，“我”是一个年轻人，想要成为作家，可是还没有卖出过稿子。字里行间，“我”身上虽然有迷茫，但也有一股子元气。赫莉也是，虽然她好像过得有点放荡不羁，但是她敢想敢做，纯粹，不虚伪。她说过这样一段话：“我并不是说，我不要钱，也不要名。这是我追求的主要目标，我总有一天会达到目的；但是在达到的时候，我愿意自己还保持着自尊心。我希望有一天早上醒来在蒂凡尼吃早饭时，我仍旧是我。”

我还是我，很多年轻人都曾这么想，可是，很多年轻人后来都变成了另一个人。当然，那个时候，他们往往已经不年轻了。

城市是这个小说的舞台，年轻是这个小说的底子，如果主角不是年轻人，一切都会显得可笑。因为是年轻人，这个故事才可以轻盈，最后赫莉才可以一走了之。

海明威写过一本书回忆他在巴黎的岁月，书名很美，叫作《流动的盛宴》，那就是年轻的日子，闪闪发光。《蒂凡尼的早餐》满满的，都是年轻的感觉，同样闪闪发光。

光与光之间，有一些阴影。这既是城市的阴影，也是年轻的阴影。用赫莉的话来说，是“感到心里发毛”。

是发愁吗？

赫莉说：“不，心里发愁是因为你长胖了，或者雨下得太久了。你感到忧郁，顶多是这样。但是心里发毛却十分难受，你感到害怕，直冒冷汗，但是你又不知道怕的是什么。只知道反正有什么倒霉的事情要发生了。但是你又不知道究竟是什么事。”

后来他们同意用一个词来概括这种感觉——焦虑。

如果你正好年轻，并且在城市里生活，就很容易明白这种无名的焦虑，这种心里发毛的感觉。读这本小说，我和美国隔着大洋，我也从未和名利圈有过瓜葛，但是，我会想起二十岁出头刚刚在城市试图生活下去时候的感觉，时而轻盈，充满抱负；时而孤独，心里发毛。

卡波特用它优美而准确的文字抓住了一段流动的日子，那是盛宴吗？也许是，也许不是。

但是，那确实是一段透亮的日子。

杀人犯和作家

《冷血》
作者：杜鲁门·卡波特
译者：夏杪
出版社：南海出版公司

这个故事，涉及两个杀人犯、一个作家、一本书，以及一部电影。

一

事情发生在1959年11月15日，居住在堪萨斯州西部霍尔科姆村的克拉特一家深夜被人谋杀。

克拉特先生是一位农场主，他有一个患抑郁症的妻子、三个女儿和一个儿子。大女儿已经出嫁；二女儿正准备结婚；三女儿还在上中学，她叫南希，正在和一个漂亮的男孩谈恋爱；小儿子凯尼恩，比较内向，喜欢在地下室捣鼓自己的发明，他还没有到对女孩感兴趣的年龄，但是就快了，如果他能再多活一两年的话。

第二天，也就是1959年11月16日，那天是星期天，当有人推开克拉特家大门的时候，发现房间里安静得不像话，厨房里没有人准备早餐，走廊里也看不到一个人影。

这位邻居隐隐感觉不安，走到二楼，那是南希的房间，门开着，南希躺在床上，双手被绑在胸前，墙壁上一大片被溅起的血，有人朝着她的脑门开了一枪。南希的妈妈死在浴室里，她的手被绳索绑住，嘴上贴着胶带。凯尼恩在地下室被人发现，他同样被杀死，另一个房间里，克拉特先生被割开了喉咙，血流得一地都是。

警察毫无线索，现场一粒弹壳都没有留下，找遍整座房子，警察只发现两个脚印。

二

远在纽约，作家杜鲁门·卡波特看到了新闻报道上的这起案件。

前一年，他刚刚出版了自己非常重要的作品《蒂凡尼的早餐》，那是一本时尚都市小说，卖得很好，批评界反响也不错。现在，他想写一点新东西。

发生在堪萨斯州的这起案件引起了他的兴趣。从报纸上看，克拉特一家属于模范家庭，最不可能遭受谋杀，但是事实却这么发生了。

案件发生后，当地邻里之间的和睦消失殆尽，大家互相怀疑，忧心忡忡，生怕凶手下一步就会闯进自家大门。

卡波特邀请同是作家的朋友哈珀·李前往堪萨斯州调查此事。

三

案子很难办，没有目击证人，没有谋杀动机，虽然房间里有一些混乱，但是并没有丢失什么东西，看起来不像是抢劫。

多亏了一个叫作弗洛伊德·威尔斯的家伙。案件发生时，他正在堪萨斯州的监狱里服刑。案件发生后的第三天，他在广播里听到新闻报道，吓了一跳。他认识被谋杀的克拉特先生，也知道是谁杀了他们。

原来，很多年前他曾在克拉特先生的农场里工作过，克拉特先生待他很好。前一年，有一个叫作迪克的狱友和他聊天时，聊起了克拉特先生，他说起克拉特家看起来很有钱，于是迪克便生出一个主意，出狱后要去打劫这一家人，并且不留下一个目击证人。现在，看来迪克做成了。

弗洛伊德·威尔斯向警方报告了这一情况，警方锁定目标，最后在拉斯维加斯抓到了凶手，两个人，一个正是迪克，还有一个人叫作佩里。

四

卡波特在监狱里见到了佩里，这是一个有印第安血统的男人，个子不高，看起来很是忧郁。

他想要知道佩里的故事，和他靠近，想办法让他说出一切。

他做到了，佩里把他当作朋友，将日记本交给卡波特，并叙述了自己的一生，包括那个晚上发生在克拉特先生家里的事情。

佩里的父母曾经在马戏团工作，五岁之前，他生活得很快乐，至少在他的记忆中是如此。五岁之后，母亲开始酗酒，并且有了外遇，接着父母不停吵架，然后离婚。他被母亲带走，生活得像个野孩子。他在心理医生后来要求他写的自传里写道："从未有人教过我分辨是非，我高兴去哪儿就去哪儿，想干什么就干什么，直到碰上警察找我麻烦。"

因为离家出走和盗窃，他被多次关进教养院，如果你看过《四百击》，可能就是像那样的地方。他过得很糟糕，总是尿床，虽然很丢脸，但是他也没办法。有一个女看守因此毒打他，当着别的孩子羞辱他，将他的被褥扔出去，用皮带抽打，抓住他的头发拽到浴室，用水浇他，在他的阴茎上涂上药膏……这一切，佩里都忘不掉。

他的父亲有一次到学校来看他，他记得很清楚，他高兴极了，但是那是极少的情况，那时候他还爱他的爸爸。

佩里有一个箱子，里面装满了书、地图，发黄的信件、歌词、诗稿，那都是他的，他会留着很多记忆的物件，他喜欢看书、写诗，但同时他也偷窃，并因此坐牢，他就是在牢里认识迪克的。

五

迪克和佩里犯的这个案子，像极了科恩兄弟电影里的剧情。

这是一场十分荒诞的抢劫杀人案，因为到最后，当他们把克拉特一家人全部绑起来之后，在房间里仔细搜寻了一遍，也没有发现所谓的保险箱，最后，所得到的金额，不过只有四五十美元。

有一个细节，当佩里在房间里搜查时，南希的一个小口袋掉到地上，佩里蹲下来朝床底下捡，而那只不过是一个一块钱的硬币。

到底是什么使他们要犯下杀人之罪？

他们自己也不清楚，佩里说，在他割开克拉特脖子的那一刻，他还是觉得他是一个好人，但是他干了这件事，把他们全杀了。后来他对人说，他不后悔，他想后悔，可是并没有。

卡波特在《冷血》的最后，引用了很多心理学者关于精神问题罪犯的研究，提到了一种说法，可能佩里在杀人时并不具有清醒的头脑。我们看了许多电影，知道有一种反社会人格，佩里和迪克，都有这种倾向，但是《冷血》试图在说明一点，这种人格并非天生，而是由于个人经历和环境造成的，如果是这样，即使是凶手，也有可叹可怜的一面。

六

在与佩里的交往中，卡波特似乎看到了自己。

卡波特1924年出生于新奥尔良，他的妈妈在十七岁时生下他，然后和他的爸爸离婚。他被寄养到亚拉巴马州的亲戚家，他在那里认识了哈珀·李。

卡波特当然生活得不幸福，但是一切都还算顺利。虽然高中辍学，但他一步步靠近自己的梦想。十七岁开始为《纽约客》杂志做小工，渐渐开始发表文章。

二十四岁时，他发表长篇小说《别的声音，别的房间》，引起了文坛注意，很快成为战后颇有名望的年青一代小说家。

他当然很有才华，但同时刻薄并且虚荣，他成名后不久，就与好莱坞名流圈打得火热，他写了很多关于明星的随笔，也因此得罪了不少人。

七

虽然佩里和迪克被判死刑，卡波特还是帮他们找了律师，他对这个本来只是他书中角色的人物，产生了感情。

他很纠结，佩里把他当朋友，他也把佩里当朋友，但是，他接近佩里的原因不过是为了完成自己的一本书，关于这个案件的一本书，一本非虚构的小说，他给它取名《冷血》。

佩里和迪克当然很冷血，可是，这个以故事为生的作家，此时此刻，也一定感觉到自己的冷血。

这个案子很早就有定论，因为一些程序，一拖再拖，终于拖了六年。六年之后，两个凶手被绞死。

卡波特完成了《冷血》，大获成功。这本书长居畅销榜之首，并且开创了一种新的文体，一种介乎小说与新闻之间的文体。但是，从此之后，卡波特再也没有写出过什么好的东西。他成日纵酒寻欢，直到1984年因用药过度死在朋友的家中。

八

开头说到的那本书，正是《冷血》，上面关于案件的故事，即来自这本书。关于卡波特的部分，来自电影《卡波特》，菲利普·塞默·霍夫曼凭借这部电影，拿下了奥斯卡小金人。2014年，出色演绎过卡波特的霍夫曼因用药过量死亡，和卡波特的死因一样。

第三章

追问世界

人的记忆有限，经验有限，知识有限，许多问题我们回答不了，所幸有书，我们可以借由别人的经验、记忆和知识去追问世界。

在这一章里，首先追问的是“极权”这个看起来已经远离我们生活经验的状态，生活在极权状态下是怎样的？它的具体面目是怎样的？它有多可怕？

接着，线索开始发散，我们会去追问人为什么会无聊？工作到底有什么意义？开一家书店有多难？网络真的让我们变笨了吗？以及，老去和死亡会不会比我们想象的更加可怕？

对世界充满好奇，不停追问，也许一个问题的答案会引出十个新的问题，但是只要我们仍然不停地探索下去，就一定会更加笃定和自足。

读书也是一种反抗

《在德黑兰读〈洛丽塔〉：以阅读来记忆》
作者：阿扎尔·纳菲西
译者：朱孟勋
出版社：外语教学与研究出版社

一

我是在图书馆发现《在德黑兰读〈洛丽塔〉》的。一开始，我以为它只是一本关于《洛丽塔》的解读之作，却不料，它更像是一本回忆录。

从1979年到1997年，阿扎尔·纳菲西记录了她在德黑兰生活的十八年。这十八年，她从三十岁长到四十八岁；从一个刚刚结婚不久的妻子，变成两个孩子的母亲；从一个教师，转变为一个作家。十八年前，她完成学业，从美国回到德黑兰；十八年后，她经历了种种不公，体验过无数禁忌，终于离开祖国。

这十八年，发生了什么？

对于一个如你我一般的外国人，去搜索引擎上搜索“伊朗”两个字，大致可以找到一些答案。比如，你会了解到1979年是一道分界线，在那一年发生了著名的“伊斯兰革命”，从此之后，伊朗改名为“伊朗伊斯兰共和国”，实施政教合一的政治制度。

如果你看得更仔细一些，会发现旧伊朗和新伊朗的不同：1979年之前，巴列维当政，推行世俗化的生活方式，大力发展经济，同时采取独裁统治；1979年之后，宗教领袖掌权，政教合一，经济衰退，陷入长达八年的两伊战争。

就是这样了，我们不可能了解更多。从这些描述里，我们无法判断，一个伊朗人生活在哪一个时代更好，也不会了解某一个人的具体生活，譬如他每一天所遇到的困难和乐趣是什么，他的梦想是什么，他的工作是什么……

当我们去了解历史时，看到的总是宏大叙事，一场革命，一场运动，多少人参加，造成了什么后果，这并不会让我们更懂得历史，只不过让历史被规范，可以准确地调用和谈论。

读《在德黑兰读〈洛丽塔〉》让我想起何伟写中国的那几本书，以及郑念的《上海生与死》，它们有一个共同点：虽然都在书写历史，但却从具体的生活带出时代的景象。可是，对于一个中国人来说，我们为什么要去了解伊朗呢？也许有人会说，因为了解伊朗，可以帮助我们了解伊斯兰世界，而了解伊斯兰世界，可以帮我们弄清楚当前国际上的“伊斯兰问题”到底是怎么回事。

这很对，但我不想这么说。对我来说，了解伊朗、了解俄罗斯、了解切尔诺贝利、了解第二次世界大战，和了解冥王星、了解太阳系、了解相对论、了解《红楼梦》、了解《爸爸去哪儿》是一样的。

因为好奇心。

其实，《在德黑兰读〈洛丽塔〉》这本书，也关于如何喂养好奇心，以及为何需要好奇心。那么如何喂养呢？

答案是读书。

读书本来是件很私人的小事，但在阿扎尔·纳菲西这里，读书却成为一件重要的大事。正如书名所提示的，本书的内容并不仅仅关于“洛丽塔”，更在于德黑兰，以及夹在中间的那个“读”字。

《洛丽塔》在哪里都可以读，但在德黑兰，在90年代的德黑兰读，却有不一样的意味。在那个年代，所有的公共娱乐活动都被禁止，所有的电影和戏剧都经过审查，不准喝酒，不准跳舞，不准唱歌，不准听未经审查的音乐，不准看未经审查的书。读《洛丽塔》无疑是犯禁的行为，所以，连“读”这个动作本身都别有意味——它代表着反抗和自由。

而反抗和自由，正是本书的主题。

二

毫无疑问，阿扎尔·纳菲西是一个反抗者。在美国读书时，她反抗美国干预伊朗内政，参加游行活动；回国之后，她参加革命中的抗议活动，表达公民诉求；革命胜利之后，她反抗新政府对女性权利的侵犯，拒绝戴头巾上课，辞去教职。

她所以反抗，是因为她需要自由。最后，她发现，读书几乎是她最后的自由，除了躲在家里读书，一出门，所有事情都被规范和审查，有没有戴好头巾，有没有穿对衣服，有没有和除父兄丈夫之外的男子并肩而行，她几乎无处可逃，街上到处有持枪的道德警察，随时可以将人带进监狱。

同时，她也发现，文学天生具有反抗的基因，因为文学让人学会想象，让人保有好奇，让人了解世界之大、人之复杂，文学松动了一切律令，让思考有了空间。文学，让人知道人。

阿扎尔·纳菲西在本书的四个章节里，谈到了《洛丽塔》和《了不起的盖茨比》，以及亨利·詹姆斯和简·奥斯汀。她完全不是就书论书，而是将现实生活和读书编织在一起，让它们互相影响，互为印证。

在“洛丽塔”也就是第一章里，她介绍了她的秘密读书会。时值1995年，她第二次辞去教职后，邀请了七位优秀的学生，每周四早晨到她家里讨论一本文学作品。全书的一开始，阿扎尔·纳菲西便充满感情地介绍了她这七位从宗教信仰到性格脾气都截然不同的学生。

我们不妨认识其中几个。雅西是所有学生里最小的一个。她不信政治，也不想结婚，但她对爱情感到好奇。“她的一生都受到保护，从不许离开家人的视线，从没有私人角落可以让她去思考、感受、做梦和写作。她不可以独自结识年轻男子。”

娜丝琳是另一位女生，她曾在一次聊天时告诉阿扎尔·纳菲西，她曾在十一岁时被性侵。那时他的家教老师一周给她上三次课，每次上课时，家庭教师一面反复诵念阿拉伯语时态，一边用手摸她的大腿及全身。

马荷西比较保守，但因为革命后参与政治活动，被关了五年。在牢中，她的一只肾永久损坏。

莎娜姿，买了自己的车，但是她的生活时刻都被十九岁的弟弟控制，他总是缠着莎娜姿不放，偷听她的电话，开她的车四处逛，监控她的行动。当然，监控她的不只家人，还有外人。有一次，她和朋友们在一处别墅附近的户外花园里聚会，道德警察突然翻墙而入，进行搜查。虽然没有找到东西，但还是把他们带到了监狱。最后他们被迫签下文件承认他们未犯的罪行，且被处以二十五下鞭刑。

阿金已经结婚，有一个女儿，阿金经常遭受家暴。

当作者一次次地描写她们脱去罩袍，露出本来的自己，作为读者，我们不仅跟随作者的讨论进入了《洛丽塔》，更悄悄进入了那一个空间，慢慢了解这一个个女孩，她们的故事和人生。从她们的故事和生活里，我们才知道阿扎尔·纳菲西开办这个读书会以及选《洛丽塔》来读的意义。

在阿扎尔·纳菲西看来，很多人都误读了《洛丽塔》，把它看成一段禁忌之恋，但她认为，《洛丽塔》拥有一种“反对一切极权思想的本质”，纳博科夫通过对亨伯特的描写，“揭发了所有侵占他人生命的唯我主义者的行径”。在阿扎尔·纳菲西看来，亨伯特把读者变成了同谋，而洛丽塔是双重受害者，她被剥夺的不仅是她的生命，还有她的故事，因为这个故事是以亨伯特的口吻讲述的。

阿扎尔·纳菲西的读书会，正是为了避免自己受这第二种罪行的危害。她试图让学生们找到自己的声音，找到自己的故事，找到自我。这对于这些年轻的学生来说，很是艰难。在阿扎尔·纳菲西小时候，她几乎和西方国家的女性享有一样的权利，但读《洛丽塔》时距1979年革命已经过去十六年，她的这些学生很多从未体验过自由。

所以，读书在这里成了一件大事。阿扎尔·纳菲西说：“在那间起居室里，我们重新发现我们仍活着，是活生生的人；不论局势多么恶劣，不论我们遭到多大的胁迫与惊吓，我们和洛丽塔一样，仍设法逃脱，以争取属于自己的有限自由空间。”

她说："所有传世的小说，不论其呈现的现实多么严酷，皆有一股借着肯定生命来对抗生命无常的基本反抗精神。这份肯定来自作者以自己的方式来重述故事，掌控小说中的现实，进而创造出一个新的世界。我敢大言不惭地说，每件伟大的艺术品都是对人生中背叛、恐惧与不义的反抗。"

其实，这本书也是如此。

极权下的知识分子

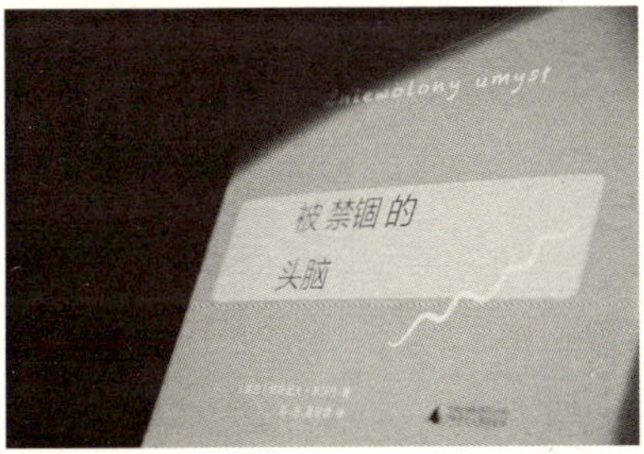

《被禁锢的头脑》
作者：切斯瓦夫·米沃什
译者：乌兰、易丽君
出版社：广西师范大学出版社

一

阅读米沃什的《被禁锢的头脑》，从始至终都伴随着一种熟悉的陌生感。这本书讲述的是发生在波兰国土上的事情，但是，你能从中读出似曾相识的味道——一种苦涩的味道。

这本书如书名所示，写的是在极权国家体制下知识分子的处境。

米沃什自己就是这样一个知识分子，他出生于立陶宛一个说波兰语的家庭，父亲是一名从乡下移居城市的工程师，他的小学、中学及大学都在维尔诺（立陶宛首都）度过，之后他曾到巴黎继续学业。

在大学期间，米沃什就发表了不少诗歌，并获得了一定的名声。诗歌，正是他所愿意追求的事业，但是个人生活总是大不过时代际遇，这个年轻人和他的祖国一起，遭遇了连年的战争和颠沛流离的命运。

他所出生和成长的城市，在数年之内，被多次占领。1939年德国与苏联签订《苏德互不侵犯条约》，瓜分了波兰，苏联红军占领了维尔诺。1940年，米沃什从维尔诺逃到华沙，参加地下抵抗组织，是年维尔诺又被德军占领，没过多久，苏联军队重新占领了这个地区。

1945年至1951年，米沃什生活在苏联的新制度之下，起先在波兰以写作为生，后来任职华盛顿大使馆，然后调往巴黎大使馆，职位都是文化专员。

1951年，他选择了叛离祖国，在巴黎申请政治庇护，脱离了与旧世界的联系。这本书写作于1951年至1952年，当时他正处于穷困潦倒之中，他不肯放弃用母语写诗，难以获得稳定的收入。

本书出版之后，并未得到广泛的理解，“羡慕苏联共产主义的人认为本书极尽侮辱之能事，而反共分子则指责该书缺乏一种明确的政治态度”。米沃什变得里外不是人，而这正是他所力图做到的——真诚地写下他的观察和反省，不迎合任何一种期待。

当他脱离祖国，旁人很容易认为这决心纯粹出于对专制的仇恨，但他自己坦承，事情并不是那么非黑即白，一目了然。他举了一个吞青蛙的例子来说明自己并非因为信仰，而是出于本能。例子是这么说的：假设一个人说服自己，吞下一个活生生的青蛙对健康大有裨益，他于是吞下了一只青蛙，接着是第二只，第三只，一只两只还可以忍受，但到了第三只，他便大倒胃口，忍无可忍了。

他的意思是，他的思想变化也与此情形相似，他从本能上无法接受“新信仰”，于是在剂量加重的过程中，逃跑了。

他并不是立即逃跑而是在一段时间之后才离开的，他说：“我属于那类绝大多数人，他们在自己的国家变成莫斯科的附庸之时，竭尽全力表示自己的屈服并顺从，并且被新政府利用。”他把自己也纳入其中。

他提出了问题：如他一样的知识分子为什么会接受“新信仰”？这一切是怎样发生的？

二

回答这两个问题，需要引入两个词语，一个是“‘穆尔提-丙’药丸”，一个是“凯特曼”。

“‘穆尔提-丙’药丸”来自波兰作家维特凯维奇1932年出版的一部长篇小说《永不满足》，在这部小说中，人们发明了一种叫作“穆尔提-丙”的药丸，只要服下它，就可以立即变得安详幸福、心满意足。

米沃什将当时苏联支持建立的新政权下的“新信仰”比作“穆尔提-丙”药丸，只要接受了“新信仰”，就可以摆脱痛苦，安然度日。对此，知识界适应得很快。为什么知识分子非常容易就接受了“新信仰”，米沃什对此进行分析，给出了四个原因：

第一，空虚。知识分子渴望成为人民大众的一分子，他们希望自己的声音不被湮没，而被听见，他们希望自己成为有用之人。说到底，知识分子需要社会承认，而新世界承诺他们这一切。

第二，荒谬。知识分子体察到资产阶级生活的荒谬与无意义，他们感到苦闷，而“新信仰”给出了另一种答案。

第三，必要性。知识分子害怕徒劳感，害怕写的东西无处发表，没人看。当现实只给出两种选择——要么接受继续写作并发表，要么沉默——的时候，很多知识分子没法不选择前者。

第四，成功。没有人知道未来到底走向何方，但现在展开在眼前的是“新信仰”的力量，服下“穆尔提-丙”药丸会很痛苦，但经过一场大病，就能和世界接轨，而不成为掉队的人。

以上，便是知识分子何以接受“新信仰”的原因。

三

如果说米沃什对“穆尔提-丙”药丸的分析解读了当时波兰知识分子非常容易就接受“新信仰”的原因，那么对“凯特曼”行为的概括，则说明了接受“新信仰”的过程是怎样发生的，以及接受“新信仰”之后，如何生活。

“凯特曼”是伊斯兰文明中的词语，代表的是一种不被对方看透的伪装行为。简单来说，就是自己的言行并不一定出于本心，时时刻刻都在做戏，表面一套，背地一套，说的并不一定是自己相信的。

这种行为模式，我们想必都有感受或接触，即使我们早就离开了那个人人自危的“文革”时期，但说假话、空话的陋习似乎还残留不灭。

糟糕的是，倘若人人都在别人面前做戏，而且彼此都清楚大家在逢场作戏，久而久之，信任自然荡然无存。对个人来说，长时间进行这种有意识的表演，他的性格就会逐渐变成他所扮演的角色，而且越演越起劲。

做戏与伪装，有时候会让人有一种游戏的心理满足：嘴上说的是白的，但心里想的是黑的，在欺骗对方的同时，也让自己获得了智力上的快感，好像自己老谋深算，高人一等。

米沃什总结道：“苏联和纳粹法典的相似之处在于，它们都抹杀了哪些行为该受到惩罚，而哪些不该受到惩罚的界限。没有一个标准，人们便不得不畏首畏尾，心生恐惧，因为一不小心，就可能万劫不复。”

而面对这样的恐惧，每个人都不得不发挥潜能，成为伪装者。

四

《被禁锢的头脑》揭示了一个秘密：极权社会生态下人们的思想改变过程。在这本书里，米沃什不仅写下了他的分析，还通过对几位朋友的画像式小传具体地呈现了种种词语在现实中的复杂。

米沃什所做的并不是谴责身处其中的个人，而是通过反省和观察，带领我们走进这个过程，看见它，了解它，才不会再次陷入其中。

亲历人间地狱

《被淹没和被拯救的》
作者：普里莫·莱维
译者：杨晨光
出版社：上海三联书店

一

普里莫·莱维是个化学家，1919年出生于意大利都灵一个犹太家庭，30年代在都灵大学攻读化学专业，最终拿到博士学位。1944年，莱维因参与反法西斯运动被俘，被送往奥斯维辛集中营。

莱维经历了人间地狱。

他幸存下来，在战争结束后回到都灵继续从事化学工作，但他并没有脱离那一年的阴影。

1947年，莱维出版了第一本关于奥斯维辛的回忆录《这是不是个人》，此后他一直在这个主题上写作、思考、讲演，直到1987年4月11日，他在都灵寓所跳楼自杀——在离开奥斯维辛四十年后，普里莫·莱维死于奥斯维辛。

《被淹没和被拯救的》是他生前最后一本书。

二

《被淹没和被拯救的》可以看作是莱维对奥斯维辛写作的总结，这本书不是“编年史般的追溯记叙”，而是因主题展开的思考。

他在《罪之记忆》里重申施暴者的犯罪，以及他们的虚假的辩护是多么无力；他在《灰色地带》《羞耻》两章里分析受害者、幸存者的心理；他在《交流》《无用的暴力》《知识分子在奥斯维辛》三章里呈现集中营里的残酷真相；在《成见》以及《德国人的来信》中回答时隔多年之后如何面对奥斯维辛的问题。

之所以写这本书，有很大一部分原因是莱维发现已经有许多年轻人不大关心几十年前都发生过什么，甚至因为各种刻板印象产生了种种误解和成见。

比如在一次演讲中，有一个年轻的学生质问他："你们怎么不逃跑？"这个年轻并且自信满满的学生并不相信莱维关于奥斯维辛的故事，他要求莱维在黑板上画出集中营的平面图，指出哨塔、大门、铁丝网和发电站的位置。莱维画完之后，这位聪明的学生思考了一会，宣布他已经制订了逃跑计划。最后，年轻的学生补充道："如果你再被关进集中营，就像我告诉你的这么办。你会看到你能做到的。"

几十年来，集中营的故事在似是而非的书籍、电影中产生了太多变形，而我们离那段历史越来越远。许多人从来没有面临过极端的环境，他们站在事后的安全之地，充满后智之明地朝幸存者发难：你们为什么不逃跑？为什么不反抗？为什么不"事先"避免被捕？

莱维花了整整一章（《成见》）来面对这个问题。首先，并不是没有人反抗，只是所有的反抗都被镇压了。其次，逃跑并不如那个学生想象得那么简单，在奥斯维辛，一个人早已被摧残得不再像个人，他饥饿、恐惧、极度虚弱，而党卫军们的残酷镇压更是让逃跑几乎无法实现。

可是，为什么莱维需要回答这样的问题呢？为什么作为受难者还要遭受新一轮的误解和羞辱？

人们太倾向于简单地将人一分为二，一边是好人，一边是坏人；一边是高尚的，一边是堕落的；一边是值得赞颂的，一边是需要唾弃的。而被侵害者，往往被要求自证清白，就像有人对被强奸者的质问：你如果清清白白，怎么会专门强奸你而不是别人呢？好像被伤害本身，就是一种罪恶。这是没有道理的愚蠢思维，可悲的是到现在仍然有相当大的市场。

三

关于受难者，莱维想得更多，也更深刻。

莱维指出，集中营并不像电影中演得那么简单，一边是党卫军，一边是受难者，在二者中间，还有一块"灰色地带"。

"没有一个囚犯能忘记'灰色地带'"，因为"第一个威胁、第一次侮辱、第一记耳光，并非来自党卫军的暴徒，而是来自其他囚犯，来自同伴，来自同样穿着条纹囚衣的那些神秘的人物”。

集中营内复制了极权政体的等级结构，吸收了一部分囚犯成为低级的管理人员，比如清洁员、洗壶人、值夜人、床铺整理员等等。在集中营，任何一点点的特权都可以和普通囚犯拉开巨大的距离，因为那意味着更多的面包和汤，意味着活下去的可能。

莱维清楚地知道，并且不止一次地表示：“那些最糟糕的人幸存下来：自私者、施暴者、麻木者、‘灰色地带’的合作者、密探们。”而那些最优秀的人都死了。

他说：“我们幸存者是数量稀少且超越常态的少数群体；凭借着支吾搪塞，或能力，或运气，我们没有到达集中营的底层。而那些到达了底层的人，无法回来讲述它的可怕。”

正因为此，所有的幸存者心里，都有一种羞耻的感觉。首先，当一切都结束之后，当人的尊严恢复之后，会对曾经自己非人的行为感到羞耻；另外，每一个从集中营活下来的人，都会因为忽视他人而感到自责。当然，还有羞愧，就像莱维提到的，最好的人，那些有勇气反抗的人，那些无私帮助别人的人都死了，而活下来的人无法不感到羞愧和自责。

四

这是莱维的坦诚，这样的话，并不是人人都肯说。

直面受难者本身面临的困境，讲出集中营里的复杂，还可能会让许多简单思维的人感到困惑：如果你是受难者，难道不是只要控诉施害者的罪行就可以了吗？何必挖我们自己这边人的墙角呢？

就像前面提到的，莱维写这本书并不是要控诉，要喊冤，而是要凝视，要思考，要沟通。非黑即白的思维方式并不能解决问题，只能简化问题，掩盖问题。

同样掩盖问题的还有沉默。

一方面是施暴者的沉默，他们把记忆隐藏在内心深处，不去回忆，以减轻罪恶感。一方面是受害者的沉默，他们不想触碰伤痕，以免重新激起伤痛。当两者都沉默之后，事实的真相也就越来越模糊，人们对于过去发生了什么，也就越来越模棱两可。

比如，随着战争年代的久远，越来越多的人会认为所有参与了战争的人都是受害者，其中也包括施暴者一方，因为他们也被洗脑，也是被极权控制等等。对此，莱维相当反感，他说："将施害者和受害者相混淆是一种道德疾病，一种美学上的故弄玄虚，一种同谋的邪恶信号。"只有受害人可以有资格原谅，而他们大多数早已死去。"把杀人凶手和受害者相混淆，是从根本上蒙蔽我们对于公正的需要。"

这种说法，在国内也可以听到，比如关于"文革"中的"造反"者，他们的打砸抢似乎只是历史狂热造成的，而他们自己不必负责。然而他们真的可以免责吗？

关于纳粹，关于奥斯维辛，其实已经有很多书写，很多反思。但回到我们这里，那些疯了一般的日子里发生的事情，又有多少被记录了下来，有多少思考？

施害者保持缄默，受害者因为有意忽视和恐惧也保持缄默。这就像《房间里的大象》所指出的"合谋性的沉默"。它们掩盖真相，忽视真实，终于有一天会有人用"那是另一个时代的事了"来打发，不再有人关心。

而莱维多次提醒："它可能发生，它可能发生在任何角落。"我们唯一能做的，就是尽可能多地了解真实，以确定这一切不会重来。

开书店之梦

《东京本屋》
作者：吉井忍
出版社：上海人民出版社

我有过两个天真的愿望，一个是出书，一个是开书店。前一个可以说完成了，后一个则仍然没有办到。道理很简单，出书，只要一个人写，遇上编辑肯出就行。开书店则要复杂得多，光是开店的成本，就支付不起。另外，这几年去过不少书店，也和不少做书店的人聊过，深知其中艰难，并非想象那么简单。

前几日和一个朋友聊天，她刚刚辞职不久，想要开一家小书店，就在自己家里卖，可以免去租金成本，一点一点来。

这听起来挺不错的，但我还是劝她不要这样做，太辛苦了。确实有过不错的例子，比如合肥保罗的口袋书店，起初就在住宅楼里，现在开了好几家分店，都很宽敞，经营得也不错。但这样的例子实在不多，虽然这几年书店业看似回暖，诚品也来大陆了，无印良品也开书店了，各种新兴的连锁书店如方所、西西弗等，都有口皆碑。但同时，小书店的消亡并未止步，并且愈发艰难了。

从前，说起书店，大家都只知道新华书店。后来，市场经济发展起来，有了民营书店。民营书店的好年头是90年代，那时候还不时兴“独立书店”这个词，买书就是买书，人们有这个需求，新华书店满足不了的，自然会有其他人补上。

再后来，城市化加速，房地产成为经济重心，房租成本急速上升，再加上网上书店的出现直接抢走了大批顾客。面临收支双重困境，一间间民营书店纷纷倒闭。当年很有名气的席殊书屋，现在已经见不到多少。但也有人挺了过来，比如杭州的晓风书屋、南昌的青苑书店、北京的万圣书园等。

萧条了好几年，大家慢慢尝试，逐渐找到了路。光卖书是不行的，你得卖咖啡、饮品，卖杂货（或者说文创），做活动，总之要打破从前书店的局限，跨界、链接，玩出花样来。

这时候，房地产发展到一定阶段，城市中心的商业地产要升级，对文化空间的需求增加，于是“地产+书店”的模式这两年遍地开花。书店这个空间，天然具有吸引人流的效果，虽然不一定买，但等人的时候随便逛逛，坐下来喝杯咖啡，都是很舒服的选择。

地产商为书店减免租金，书店为商场引流，所谓双赢。这一招大概是从诚品那里学来的，活学活用，做得很不错。但同时，大书店模式的兴起，给书店设置了更高的门槛。书店已经不再是以一人或以几个朋友之力，就可以开起来、开下去的了。

就像吉井忍在《东京本屋》里写的那样，虽然东京的书店数量在下降，但从书店平均面积来看，每家书店的面积却在增长，也就是说，大书店一家家开起来，小书店一家家倒下去。这个行业，正经历严峻的洗牌，换一个词，有些人也许会说：是产业升级。

大书店当然很好，但我很怕，很怕未来只有这一种书店。

吉井忍的《东京本屋》是她对东京十家书店的访问记，

其中有MUJIBOOKS（无印良品书店）这样的跨界玩家，有因为松浦弥太郎而在国内较知名的COW BOOKS（日本的“奶牛书店”），有关注亚文化的模索舍，有航空主题的booksFuji（富士书店），有每周只卖一本书的森冈书店，有普普通通的小书店今野书店，有开着汽车到处跑的移动书店BOOKTRUCK（汽车书店）……

吉井忍的这本书，不是书店地图，不是书店游记，而是扎扎实实的书店业访问，她所要做的，是探究当今日本书店业的生存状态，发现各个书店不同的经营状况。

前面已经谈到中国书店行业面临的困境，其实这困境也不只是中国，全球都是如此，日本虽然仍然是拥有书店最多的国家，东京仍然是拥有书店最多的城市，但书店总数仍在下降。并且，小书店的生存状况，也愈发艰难，据今野书店的老板今野英治介绍：“若从零开始，普通上班族哪怕把所有退休金都搭进去，也远远不够开一家新刊书店的资金。书店所需的资金并不少，很小的书店至少也得几千万日元。”

今野先生的店是从父亲手上接下来的，所以还坚持着，像他这样的站前小店，生存已大不易。不过，也有很多更年轻的人投入到这个行业里，找到了一些新的办法。

比如，前段时间在互联网上广为流传的森冈书店，就很有趣。它的经营方式很奇怪，每周只卖一本书，这当然也有店面太小的缘故，但更多的是森冈先生的选择，他用书做媒介，每一周都是一个主题的展览，从一本书延伸出不同的艺术品，它们的销售才是森冈书店最大的收入。

比如B&B书店，它虽然也不很大，但经营得很有特色，是新开书店中已经站稳脚跟的代表。书店名是Book&Beer的简称，是的，这书店里卖啤酒，而且啤酒的品质很不错。另外一个秘籍是，这家书店每天至少有一场活动，周末甚至有两三场，一年下来有五百多场活动。不像一般的书店活动免费，他们每场活动都收取一千五百日元的参加费，再加上五百日元的饮品费，一场活动下来还是能收获不少的。

比如1982年出生的三田修平所经营的BOOKTRUCK，这是一家移动书店，他每周末都会开车到东京附近各地摆摊，不是客人来找书店，而是他去找客人，人和店的相遇，在这种状态下表现得最为可爱。三田修平所卖的是二手书，利润比新书要高，可以养活自己，只是很累。

这本书不仅介绍了一些书店，在访谈中，还涉及很多具体的运营问题，比如如何管理库存、店长的工作任务、如何做活动。不知道为什么，我对于这种幕后的问题很感兴趣，所以看得很是过瘾。或许，心里还是存在“也许有一天，也来开家书店试试”这样的意识。

这本书里的绝大多数人，都是心里想着“就是梦想要开一家书店”的那种人。我大概不属于此类，我属于“要是能开一家书店就好了”的那种，我没有他们那么勇敢。

网络使我们变笨了吗？

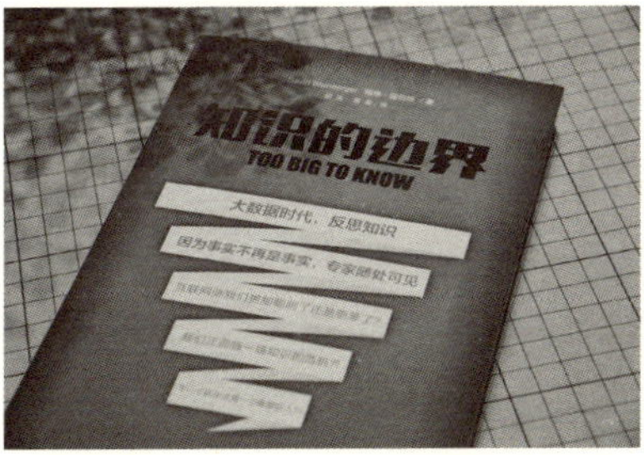

《知识的边界》
作者：戴维·温伯格
译者：胡泳、高美
出版社：山西人民出版社

几年前，畅销书作家尼古拉斯·卡尔出版了《浅薄》，副标题是“互联网如何毒化了我们的大脑”。显然，他认为网络使我们变笨了。

你同意这种观点吗？你是否也觉得被信息包裹得喘不过气、选择困难、注意力不集中、无法做深度思考？

媒介的变化会引起思维方式的变化，已经不是第一次有人吹起这样的号角。我们最熟悉的声音来自尼尔·波兹曼的《娱乐至死》，在那本书里，作者痛斥电视这个新兴媒介除了娱乐之外什么也不会。波兹曼十分怀念印刷术时代的理性精神，但通过读书来获取知识和锻炼思考的行为在网络时代遇到了更大的冲击，所以卡尔站出来高呼：网络使我们变笨了！

那么，网络真的使我们变笨了吗？

我们先把这个问题放在一边，来聊一聊戴维·温伯格的《知识的边界》。

这本书的主题是关于网络时代知识的处境，它道出了一个事实：承载知识的媒介正从书籍转移到网络。同样是这个事实，卡尔因此认为网络使我们变笨了，但戴维·温伯格则并不这么看，他拒绝技术决定论，他在这本书里所做的工作，更多是在梳理知识网络化的过程和现状。

如果我们把网络时代和印刷术时代做一个区分，可以看到知识在这两个时代的创造、传播和获取，都有很大不同。

造成这样不同的最重要的原因——作者同意尼尔·波兹曼的观点——是传播媒介的改变，也就是从纸张变为网络。纸是有限的，而网络是无限的；纸上信息是固定的，而网络上的信息是流动的。

纸是有限的这一点很重要。首先，纸的固定形式，决定了思考的形式，也就是作者所说的“长形式”思考方式，它必须有开头，有论证，有结尾，他是线性的。

其次，也正是因为纸的容量是有限的，所以在印刷术时代，我们拥有一套严格的信息过滤机制，只有真正重要的东西，才能够被出版。但在网络时代，过去的过滤机制失效了，我们被淹没在信息海洋之中。

纸上的信息是固定的也很重要，正因为此，它获得了一种庄重感和权威感，当然还有确定感，它的潜台词是，我们是可以理解这本书的。而网络是流动的，一切都在快速地更新和变化之中，它解放了知识，但没有办法重新收纳它，或者说，它已经没法收纳了。

这背后，潜藏着两种看待世界的方式。印刷术时代，人们将知识分门别类，相信通过理性思考可以认识整个世界。因为知识在印刷术时代是被控制的，一步一个脚印，我们总能走到最后。但是网络时代显现了一个事实，世界太大了，大到我们根本不可能全部理解，这一点，无疑让印刷术时代过来的人感到恐慌。

这种种不同，在戴维·温伯格看来各有利弊。比如说，网络时代很容易生成“回音室”，人们容易只靠近和他一致的思想，对其他思想进行排斥，这无疑会加重思想的僵化和极端化。

另一方面，知识的网络化带来了很多不可预料的东西，比如说维基百科，它调动了许许多多个节点，让知识的生产和传播的形式都发生了改变，用戴维·温伯格自己的话来说就是：当知识变得网络化之后，房间里最聪明的人不是站在讲台前给我们讲课的人，也不是房间里所有人的集体智慧，而是房间本身。

但是，戴维·温伯格始终没有回答另一个问题：个人，在网络中该怎么自处？

所以，那个问题又回来了，网络真的使我们变笨了吗？

我和戴维·温伯格一样不倾向于技术决定论，重要的永远是人，也就是你自己。网络有诸多好处，也有诸多弊端，但这并不妨碍一个人自己的求知欲望和行动。

是的，这就是我们的时代。所以，木心的那句话在这里又可以用上了，我们只能“在自己身上克服这个时代”。

认识自己，比认识名牌重要

《古怪的身体：时尚是什么》
作者：鹫田清一
译者：吴俊伸
出版社：重庆大学出版社

《古怪的身体》是一本有趣的书，它所要谈论的话题是时尚，但是哲学家鹫田清一找到了一个特别的角度。

这使得《古怪的身体》不是一本时尚手册，也不是品牌指南，它甚至没有谈到我们熟知的像LV、香奈儿、爱马仕这样的著名商标，鹫田清一所关心的是更本质的问题：时尚对个人来说意味着什么？或者说，时尚有什么意义？

我们每天穿衣打扮，是为了什么呢？是为了虚荣，让别人瞧得起自己？还是为了存在感，让别人看得见自己？

也许有人会说，是为了自己高兴。可是一个人在家里不准备出门的时候，也会费力穿得整整齐齐，精心梳妆打扮吗？

如果把问题问得再彻底一点，为什么要穿衣服呢？裸着不行吗？

遥想我们人类的祖先，并不是一开始就穿衣服的。关于穿衣服的原因，大体有两种说法，一说是为了保护身体，一说是为了装饰。

鹫田清一关于衣服对人的意义，有一个非常有趣而新颖的意见。他首先说明的是身体这个概念，我们每个人都拥有自己的身体，但是其实我们对自己的身体并不怎么了解，当我们了解一件事物的时候，会动用感官，但是不可否认的事实是：我们无法看见身体的全貌，我们能够感受到的身体只是有限的一部分。

只有当我们把这些零散的“一部分”通过想象拼凑在一起时，才形成了完整的身体概念。身体对我们来说，是一种“像”，它是构造出来的，虽说它确实存在，但是作为一个整体，它并不那么清晰。

我们每个人都采用各种手段来加深自己身体的“像”，加深自己的轮廓，减轻自己脆弱的存在带来的不安。为什么泡澡、冲凉、运动、拥抱或者爱抚，都让我们感觉舒服？因为这些行为让我们感受到平常不容易感觉到的身体轮廓，加深了身体这微弱的“像”。

衣服也有这样的作用，穿衣服时，随着身体活动，我们的皮肤会和面料产生接触，这种触感，让平常看不见的身体轮廓变得清晰起来，让我们对自己的存在有了更深刻的感受。

这是穿衣服对个人的意义，但是穿什么样的衣服又有不同的意义。

社会赋予我们的各种意义（性格、性别、职业、生活方式）让个人的“像”得到多重的包装和强化，衣服就是其中一种。在古代，衣服并不能随便穿，各个阶层都有自己的穿衣准则，什么颜色能用，什么颜色不能用，各有规范，在当时，统治阶级的服装被当作是现实权力和威严的记号。直到1789年法国大革命前后，人们才开始要求服装上的民主化、平等化。

随着资产阶级工业的扩大，又出现了制服，这是另一种关于人们怎么穿衣服的规定，它体现了一个人的职业形象。

与此同时，绅士怎么穿，淑女怎么穿，也有主流的看法。

这样的规范绑在身上肯定不舒服，于是就有了反抗。这里鹫田清一举了一个生动的例子，各位应该都有上学穿校服的经验，在十几岁的年纪，青春期的孩子有了打扮自己的冲动，开始偷偷地违抗制服的规定，或者将裙子改短，或者穿大码（不合身）的校服，或者留一个与众不同的发型，对这些少年来说，时尚从此开始。

按鹫田清一的话来说，“时尚就是从打破穿衣规则，摇晃自己的形象而开始”。

鹫田清一特别看重时尚的破坏力量，它带给了每个人重新塑造自己的机会，在自由的社会，你可以成为你想成为的人，也可以穿你想穿的衣服。往大了说，选择了一件衣服就等于选择了一种生活，选择一套服装，就是向社会表达自己的意识。

可是难题是，时尚也是一种语言体系，你想要通过这套语言体系表达自己，就必须学习这门语言。而赋予这些语言符号意义的，往往是既得利益者——那些奢侈品牌和媒体。一不小心，你就又重新迷失在语言的海洋里，忘记了时尚的初衷——发现自己，塑造自己——而沦为媒体和消费文化的炮灰。

这是鹫田特别赞扬的时尚破坏者，比如山本耀司、三宅一生、川久保玲，因为他们所做的正是在反抗既有的时尚语言霸权，可是悖论是，一旦“为了支持这种抵抗而将其时尚化，流行化，抵抗的意义就逐渐萎缩”，因为他们自己也成为时尚的一部分，受到众人追捧，而失去了批评的力度。

我们每个人都通过穿衣服感觉到自己的存在，并在穿不同的衣服这一步骤里发现自己、确认自己、表达自己，但尤其需要注意的是，时尚包含了两个方面，一方面是对时尚语言的运用，一方面则是对自己的认识，如果仅仅精通语言而不知自己，那就很可能成为时尚的牺牲品。

认识自己，比认识名牌重要。

《无缘社会》
作者：日本NHK特别节目录制组
译者：高培明
出版社：上海译文出版社

《无缘社会》是一本纪实类作品，原本是日本NHK的一个特别报道，关注的是“孤独终老”这个问题。

众所周知，日本老龄化的问题相当严重，而孤独老死的现象也在逐渐增多。该节目组在2010年进行调查，发现一年之内的“饿死”“冻死”“身份不明的自杀者”，无人认领尸体的案例，竟然多达三万两千件，也就是说有三万多人死了之后没人知道，无人关心，也没有人收尸。

这本书追踪采访了许多“无缘社会”的案例，大部分都是老人。他们有很多是在年轻时候从乡下到城里来谋生的，有的人结婚后离了婚，有的人从来没有结过婚。年轻的时候，他们努力工作，也可以过着不错的日子，但因为一点点的变故，比如失去工作，生活就会一下子跌入谷底，而这个时候，没有人可以帮助他们，老家的亲戚很多已经去世，有联系的也多年不来往，就是兄弟姐妹，也渐渐疏远了。一旦进入这个境况，生活就越发不容易了。

大森忠利就是这样一个老人，他死在租住的房子里，被人发现时，尸体已经腐烂。在政府的公告上，他的姓名不详，只写着寥寥几行记录：“身高162厘米，随身物品：现金100983日元、存折2本、现金卡2张、钱包2个、居民基本情况公簿卡1张，手表1个；身穿蓝色裤子。”

政府公布这样的公告，是因为尸体已经火化，想要找到亲属来认领骨灰，但是很多时候，根本不会有人前来。

摄制组追踪这个信息，找到了逝者所租居所的房东，终于发现了他的名字：大森忠利。经过调查发现，从1975年到1995年二十年间里，大森忠利一直在一间供餐中心工作，没有迟到过，也没有缺过勤。六十岁退休，退休之后，他就干着一些临时工，虽然以前工作时有一些同事朋友，但退休后没有怎么往来。

大森是从秋田乡下来的，年轻时父亲就过世了，几个姐姐也嫁了人，母亲也亡故后，老家已经没有一个人会跟大森君联系。失去了故乡的纽带，滞留在大城市，又无法返乡的人，很容易走向大森忠利这样的结局。

常川善治也是这样一个老人，五十五岁，脑溢血死在家中。他曾经是出租车司机，有兄弟，也结过婚，但是他死之后，没有人来认领遗体，最后，经他哥哥同意，他成为“捐献遗体”被送进了医科大学，供学生实习解剖。遗体编号：683。

常川之前已经和妻子离婚，当摄制组找到他的前妻时，她才得知常川过世的消息，不过她也表示，“幸好没来找我”。常川的舅舅已经七十岁高龄，没有办法前来。常川的哥哥说：“虽然是一个娘养的，可我跟弟弟几乎没有一起生活过。再加上我现在也有老婆孩子，自己家的生活已经够呛，所以才会请求把弟弟埋葬到医院的无名死者墓地去。”

随着现代社会的原子化，血缘的纽带已经越来越无力了，特别是像中国这一代的独生子女，压根也没有什么兄弟姐妹，再加上从农村到城市的流动加剧，日本现在遭遇的“无缘社会”，未必不会在将来的中国发生。

上面提到的两个老人都没有孩子，但有孩子的老人，情况也未必很好。小林女士有一个独生女，但是女儿已经结婚了，跟公婆一起生活，她没办法和女儿住在一起，独自生活在出租房里，过得很窘迫。

当然，也有和孩子一起生活的。但是在城市里，他们没有朋友，做点家务活，关在屋子里，觉得自己没有用，反而很容易抑郁。移居城市的老年人，离开了固有的生活，在城市里越来越孤立，情况也越来越糟糕。

独居老人水野君说：“与别人失去联系，就像是一种活着的孤独死。没有一个人关心你，你也发挥不了任何作用，这样的话，不管活着还是死了，不都是一样吗？这与自己这个人已经消失了不是没有什么不同吗？所以我觉得，确认与别人有没有关联，就是在确认自己是否存在。”

这话是很不错的，人不可能离得了人。但随着现代社会的发展，人们独自生活的可能和意愿都在增加。往昔的家庭结构已经瓦解，又处在社会变迁的大环境下，中国的“孤独老人”问题，也势必会越来越严重。

在本书的后半段，摄制组也采访了很多三四十岁的中青年人，他们有非常强烈的感觉，自己未来也可能会走向“无缘死”的结局。当然，书里所专门采访的还是边缘群体，大部分人还是会结婚生子，但独身者确实越来越多，这是一个巨大的矛盾，目前仍然无解。

看这本书，是了解社会中你所不了解的那一面，也是一场预习吧。

4

第四章 冒犯经典

书太多了，这既令人兴奋，也使人沮丧。兴奋是因为它足够丰富，你不必担心无书可读，但也正因为它足够丰富，使你不得不面临没完没了的选择。

现代人常常感到疲惫，其中一个原因，就是不必要的选择太多。虽然我们需要选择的自由，可是当你走进超市买一支牙刷却要面对整整一排货架时，选择就变得耗神费力了。商品经济带来的消费文化，使得书也像牙刷一样成了待购之物，书店大如宫殿，但是却充满噪音和干扰。在我看来，超级市场并不比传统杂货店更符合人性，超级书店，也并不真的为读者考虑，它所考虑的是消费者，而想要令消费者消费的头一招，就是先令他晕头转向，这一点，相信很多人都已领教过了。

所以，我准备把眼睛从新书讯息和广告之间夺回来，听一听时间的声音。与其把时间浪费在挑选这个动作上，不如去读一读那些早已被认定为经典的作品。

经典被人一读再读，也被名家一再解读，每个时代每一代人都有自己的视角，作为一个并不具有理论水平的普通读者，即便我们的理解与“经典”相差万里，但也应该有自己去遇见——或者说冒犯——经典的权利，不是吗？

接下来，让我们一起冒犯经典。

托尔斯泰是伟大的

《安娜·卡列尼娜》
作者：列夫·托尔斯泰
译者：草婴
出版社：译林出版社

一

不知从什么时候开始，养成了一个习惯，但凡出门总要带一两本书，即使不看，也要带着。虽然这没什么道理，但是既然不妨碍别人，也就没想到要改。上回去上海、南京，选了一本《安娜·卡列尼娜》放进背包，后来去广州，路上看的仍是这本书。这样前前后后算下来已经过了半个月，现在终于看完了。

《安娜·卡列尼娜》是托尔斯泰最著名的作品之一，也是从小到大一直萦绕在耳边的“经典名著”，然而我这人非常不上道，越是著名的，就越不想看，这只是为了叛逆而叛逆，并不知道自己反抗的是什么。有点傻气，也蛮真诚。因为叛逆这种行为，其实是在试探这个世界的边界和可能，如果不曾想过要和权威不一样，恐怕也要出问题。

不过这些问题都不是问题，只要智识还在增长，还愿意吸纳和学习，就总会发现，原来世界既不是完全这样的，也不是全然那样的。我们都生活在复杂性之中。

托尔斯泰，正是写出人生复杂况味的高手。

二

火车上，我从背包里拿出《安娜·卡列尼娜》开始读起来。只第一页就被吸引了，事实上，那些经典杰作大多如此，虽然名声响亮，但气度很好，一点也不挑剔读者。

这本书开始于一场家庭危机。虽然故事发生在一百多年前（据纳博科夫考证，是1872年2月至1876年7月），并且远在俄罗斯，但是只要婚姻制度还是现今的模样，我们就都能体会这场危机，并为此投入感情。

这场危机的主角是奥勃朗斯基和他的妻子陶丽。奥勃朗斯基是莫斯科的一位公爵，属于上流社会，他最近和家庭女教师有了婚外情，被妻子陶丽知道了，陶丽生气不理他，他尴尬且不知所措。

作为读者，我们关心的是：他们会和好吗？还是会一拍两散？虽然我们跟这两个人一点都不熟，但这个悬念还是引起了我们的兴趣。

此时，另外一个疑问也在心中升起：书名不是叫“安娜·卡列尼娜”吗？怎么这个人到现在还没有出现？问题越来越多，出场的人物越来越多，而直到第八十页，安娜才正式出场。她一出场，就光彩夺目，先是与伏伦斯基一见钟情，接着解决了哥哥奥勃朗斯基和嫂嫂陶丽的矛盾，紧接着在舞会上艳压群芳。

就这样，我们慢慢进入了故事的核心。整部小说有两条线索，一条是安娜和伏伦斯基、卡列宁之间的纠葛，一条是列文与吉娣之间的爱情，一开头便写到的奥勃朗斯基和陶丽反倒没那么重要，只能算是副线，他们丰富了整个故事的层次，增加了故事的可能性。

其中，最最重要的角色，一个是安娜，一个是列文。

三

安娜在非常年轻的时候就被姑妈许配给了身份显赫的卡列宁，卡列宁比她大很多，他们之间没有爱情，但是家庭还算美满，有一个可爱的儿子，并且她也尊敬丈夫。

可是自从她在火车上遇到伏伦斯基之后，情况就有了改变。她再也受不了无聊的家庭生活，终于和丈夫决裂，与伏伦斯基私奔。

然而冲破了重重困难，等他们真的走到一起之后，幸福并没有降临。伏伦斯基渴望自由，虽然他爱她，但是不想被完全占有。安娜处境艰难，除了伏伦斯基一无所有，她不得不为慢慢消失的爱情和伏伦斯基争吵。

最后，在5月一个星期天的晚上，安娜投身于一列货运火车的车轮之下，结束了自己的生命。

安娜是文学史上最迷人的女主角之一，她具备了诸多优点，美丽、高贵、大方、真诚、勇敢、聪明……托尔斯泰在营造安娜的魅力时，很少正面描写，他总是通过别人的反应来衬托安娜的美，比如火车上与之邂逅的伏伦斯基，在舞会上被她折服的吉娣，还有仅仅是看到她的画像就赞叹不已的列文。如果一个人可以折服所有人，那么，她肯定也能折服你，托尔斯泰就是这么说服我们爱上安娜的。

读到安娜的故事，很难不想到包法利夫人。因为这两个女人最后都自杀身亡，导致她们自杀的原因都和婚外情有关。不过仔细来看，安娜和包法利夫人之间有很大不同。

包法利夫人对婚姻不满意，渴望不曾体验过的激情和不可名状的生命的丰富性，她找情人，但是在私下进行，最后当一切要被公之于众时，服砒霜而死。包法利夫人是迷茫的，被动的，她不曾真的冲破家庭。但安娜是果决的，主动的，当她发现爱情之后，就再也不能忍受旧有的生活，虽然也有很多上流社会的女子拥有情人，但是她要的不是情人，而是爱情，她要的不是调剂，而是生命的燃烧，她非常真诚并勇敢地对待这段感情，她终于冲破重围，离开了家庭。

但是，出走之后，她仍然没有办法好好生活下去。这一切似乎是早已注定的，在那样的社会环境下，伏伦斯基和她的摩擦几乎无可避免，他们终于走向了分手。关键是，安娜已经没有再分手的本钱，如果她是一个现代女性，拥有自己的职业并可以经济独立，她也许就不会选择自杀。但是，她不生在这个时代。

四

相比安娜的那条线，列文的这条线则更精神化，虽然也有他与吉娣之间的结合，以及家庭生活的发展，但是更重要的，还是列文自己思想上的成长。

列文是一个充满矛盾的贵族，出于人道主义，他很关心农民的境况，但是同时他也不知道该怎么办。列文的身上有很重的托尔斯泰自己的影子，他的经历也和故事中的列文有颇多重合，他们都曾在年轻时花天酒地，过放纵的生活，也曾在结婚后因为感到太幸福而不知所措，他们认为这样的家庭幸福是一种罪过，所以想到自杀。

本书最后，在一种神秘气氛下的悟道后，列文找到了活下去的力量。

五

整本小说，出场人物多达一百五十人，但是读完全书，没有一个你会讨厌的角色。

这是托尔斯泰的独特与伟大之处。正如很多人说过的那样，他几乎是半神，对每一个人物都能够设身处地为他着想。所以，并没有谁真的坏到了万劫不复的地步，每一个人都有性格上的缺点，每一个人都可能做过错误的决定。托尔斯泰不审判任何人。他理解所有人，就算是卡列宁，我们也能看到他的处境；就算是安娜的儿子，只出现过几场的人物，我们也能感受到他的情感，他的变化，他的性格。

托尔斯泰伟大之处不仅仅在于他塑造了安娜这个角色，讲了一个安娜的故事，而在于他在讲这个故事的同时，还涉及许多其他人物，并且将每一个次要人物都安排得妥妥当当，令人信服。他让生活的真实在纸面上显现出来。这不是谁都能做到的，一不小心，积木就塌了。

我最感佩的地方，是托尔斯泰的感受力和表现力，我们在日常生活中都有过那些稍纵即逝的想法，那些想说却没有说出来的话。这些，托尔斯泰全部捕捉到了，他不仅叙述了一个人物的行为和语言，并且把他们的心理完完全全地呈现了出来。

我们每个人都不是固定的，不是绝对的，甚至今天和明天都不一定是一致的。这些托尔斯泰把握得清清楚楚，他笔下的人物是活的，面对不同的情况会有不同的反应，而不是完全被定义为某一种人。

托尔斯泰真的把人摸透了。

是谁杀死了包法利夫人？

《包法利夫人》
作者：居斯达夫·福楼拜
译者：周克希
出版社：华东师范大学出版社

包法利夫人吃下砒霜，把自己毒死了。据称写到这一段，福楼拜大哭不止，朋友看到，不免发笑，身为作者可以不让她死嘛，可是福楼拜说，不，她非死不可，她已经无法再活下去了。

为什么她无法再活下去了？

如果你读过小说，一定知道，她之所以服毒，是因为被人逼债，而债务的后面是一连串谎言，她不能让它们浮出水面，可又找不到出路，只得寻死。

关于爱玛（爱玛是包法利夫人的名字）的死，并不是所有读者都会如福楼拜一般痛哭流涕的，因为她并不是个惹人喜欢的女主角，如果用一个字来概括她的一生，那就是——作（音zuō，方言、网络用法）。

爱玛出生于法国乡下，小时候在修道院生活过一段时间，那是她的青春期，她在这里见识到了很多乡下没有见过的人与事，并且读到了不少通俗小说，这些小说打开了她的心思，她成天幻想着一种更崇高更浪漫更有意义的生活。然而现实生活并不如意，她嫁给了一个医生，也就是包法利，包法利不是大富大贵之人，没法给她高贵的生活品质，更重要的是，包法利又丑又没有情调，安于现状，胸无大志。总之，爱玛在婚后立刻觉得无聊，感到后悔。

然后，她有了情人，沉醉在爱情之中，燃烧着生命的激情，她越发大胆，不管不顾，最后欠下一屁股债，服毒而死。

很多人把《包法利夫人》称作现代小说的先声，从它开始，作者全知全能的上帝视角开始隐蔽，形式上更精致，语言上更雕琢，更重要的是，它开始处理普通人的生活。《包法利夫人》出版于1856年，不久教会指责此书败坏道德，诋毁宗教，随后被禁。然而福楼拜打了胜仗，他打赢了官司，为这本小说取得了更大的名声。

关于这部小说，福楼拜有一句非常有名的话，他说："包法利夫人，就是我。"

这当然可以理解为，作者就是每一个人物，作者的性格、思维和情感都将在人物身上得到体现，但是，我却以为，这句话或许可以帮助我们找到包法利夫人真正的死因。在此之前，我们得先了解一下福楼拜。

福楼拜出生于1821年，他的父亲是一名外科医生，他的哥哥也是医生，家里已经有人继承衣钵，所以，他被安排成为一名律师。虽然他听从老爸的话，到巴黎学习法律，但是他一点也不喜欢这门专业，他喜欢的是文学。尽管父亲不理解竟然有人要靠毫无用处的文学为生，但在福楼拜生病（一种脑系疾病，有说是癫痫）之后，也放松了要求。于是，一颗文学明星冉冉升起，照亮了19世纪的法国文坛。

现在我们可以比较一下福楼拜和包法利夫人之间的异同，当然，他们性别不同，出生不同，生活细节不同，一个是小说家，一个是乡下少妇，看起来根本没有相同点。但是，请不要忘记他们之间还有一个容易被忽视的联系——他们都呼吸着同样的空气，我的意思是，他们生活在同一个社会背景之下，时代，才是关键。

这是一个什么样的时代呢？1835年，托克维尔出版了《论美国的民主》上卷；1848年，马克思和恩格斯发表了《共产党宣言》。在《共产党宣言》里有这样一句著名的话："一切稳固的东西都烟消云散，一切神圣的东西都将被亵渎。"这句话，概括了当时世界的一种气氛，它揭示了一个事实：现代社会已经到来。

转了这么大一个弯子，我想说的是，包法利夫人和福楼拜的共同之处，在于他们都感受到"现代性"的诱惑，不同之处在于，福楼拜找到了自己想做的事情，并且做出了成绩，他摆脱了家庭、社会、宗教对个人的束缚，而爱玛没有，她感受到这一切，但是困在里面，无处可逃。

《包法利夫人》呈现的是一个依然困扰着现代人的问题，何为有意义的生活，怎么追寻有意义的生活？

现代之后，个人主义兴起，人的价值不再依附于土地、家庭和身份，一个人可以挣脱曾经牢牢将个人固定住的东西，而去追求一个崭新的自己。我们现在每个人所接受的教育，所做的事情，都是在继续这一点。虽然我们也面临包法利夫人同样的诱惑，但是已经有了更多的经验和自由，假使那故事发生在现在，包法利夫人完全可以离婚，逃到城市里去的，那就是另一个故事了。

所以，是谁杀死了包法利夫人？

时代的空气正在一点点改变，而包法利夫人感受到了一些什么，她无法说清楚这是什么，她也不知道该如何达成遥远的幻想，她在两种生活的挤压之下，只得死了。而凶手还游荡在这世界上，寻找下一个目标。

选择这一棵树

《呼啸山庄》
作者：艾米莉·勃朗特
译者：孙致礼
出版社：上海文艺出版社

《呼啸山庄》是一个孤儿，它出版的第二年，艾米莉·勃朗特就死了。这是艾米莉的第一本书，也是最后一本。

和很多天才作家一样，艾米莉没能享受到作品日后的荣耀，她在世时，《呼啸山庄》的反响并不好，人们不喜欢这本小说，认为它败坏道德，技巧上也无甚可取。然而一百多年后，这部当初不被看好的小说成了英国文学的经典之作，在许多批评家看来，这部作品比夏洛蒂的《简·爱》要高明得多。

我还没有读过《简·爱》，不能评价。不过《呼啸山庄》确实是一本杰作，一本怪异的书，一本读起来欲罢不能同时令人心生反感的书。

艾米莉并不取悦读者，它创造了一个世界，可是并不邀请你住进去。那片荒原上，并没有什么值得欣喜的东西。整部小说里，几乎找不到一个可喜的人物。整个故事如暴风雨一般压抑，但同时又充满激情。

这正是它如此吸引人，又引发那么多学者想要研究的原因，简单地说，就是它不可理解。故事讲述了两代人的爱恨纠葛，但是它不像一般小说，有一个让读者可以自我代入的主要人物，也许读《简·爱》的读者会假想自己就是简·爱，但是没有人会把自己代入为卡瑟琳或者希力克，这两个主要人物都不可爱，甚至讨厌。

希力克像魔鬼一样，冷酷、贪婪、暴烈、没有同情心，卡瑟琳则任性、骄傲、自以为是，他们爱得激烈，恨得同样彻底。故事的主要部分就是希力克的复仇之路，但是不像一般的复仇故事，我们会对主人公心生同情，希力克并不引发读者的同情，他的身上已经没有一点仁慈，他的行为只会让人反感。

当初《呼啸山庄》令许多人无所适从，正是因为希力克的无法理解，就算现在，我们仍然无法理解。虽然我们知道希力克少年时受到的虐待，知道卡瑟琳与埃德加结婚对他的打击，从理性上，我们也许可以理解这个人物的变化，但是艾米莉在小说里并不给我们这样的想法，她像希力克一样冷酷地写下这个故事。

即使如此，即使小说并不令人产生共鸣，《呼啸山庄》仍然将读者牢牢地吸引住了，因为这个故事除了令人产生强烈的排斥感，同时又不可思议、激动人心。

这首先源自作者的叙述手法，艾米莉在讲这个故事时既没有采用顺叙，也不是完全的倒叙，而是从整个故事的中间切入（准确地说是后半段）。这是一种现在已经被大范围使用的叙事手段，它让读者先行知道了事情的部分后果，再从头讲起，使得故事出现了双重悬念，一重是故事将往何处去，一重是故事何以至此。在双重悬念的勾引下，读者自然不肯放手，一定要读到结尾了。

另外，艾米莉没有采用全知视角，也没有以第一人称视角进行，这个故事在她这里转了好几手。第一手，当然是故事本身。第二手，是保姆纳莉讲述的故事，纳莉以自己的视角去讲述故事，并不时添加评论。第三手是纳莉的倾听者，也就是本书的第一叙述者洛克乌的写作。

我们——读者，是经过洛克乌听纳莉的讲述来获取故事的，这使得故事获得了一种真实感，这种真实感平衡了小说主体情节夸张的戏剧性。同时，这样的叙述方式，还让故事有了一种传说的意味，也正因为传说，才让我们听这么一个不解的故事，还能耐下心去，因为我们知道，它毕竟不可能完全真实。

以上是《呼啸山庄》之所以迷人的秘密，但是，还有一个难题摆在读者面前，当你一口气读完了这本书，虽然激动，但也不免郁闷，这时候必然要重新思考刚刚读到的故事，并希望从中找到一些意义，这本书在讲什么？艾米莉怎么会写这么一本书？

这属于不可知的部分，天才并不事先预告，她只是正好出现。在艾米莉平静并短暂的一生中，大多数时间，她都生活在约克郡的老家。那是一片荒原，她不擅长社交，也没有许多这样的机会，她和姐妹们从小就过着一种思想性的生活。

在贫瘠的荒原里，她们大胆地发展着自己的想象力，夏洛蒂和哥哥勃兰威尔创造了安格利亚王朝的故事，艾米莉和妹妹安妮一同创造了贡代尔王朝，她们为这个故事写诗、喜剧、故事，做编年历史，她们从小便玩着这样的游戏，直至长大也没有放弃。

可以说，贡代尔王朝的构建锻炼了艾米莉的想象力，在这个故事里，她就像上帝一样，创造世界，展开历史。《呼啸山庄》似乎也袭承了这种希腊神话式的故事风格，我们现在读希腊神话，不会以人的角度去理解众神，他们拥有人性，但又高于人，他们的行为不需要被理解。

《呼啸山庄》也呈现出了一种超然的态度，它不试图让人感动，而力图使人惊异，但是作者对这种惊异毫不在意，她似乎并不觉得这样的故事有什么特别的地方，她以一种更广阔的视角看待她所创造的世界，不局限于一种道德，就像一棵被大风塑形而扭曲的树，也是一棵树。她所做的，便是选择了一棵这样的树，而没有选择其他的树。

了不起的盖茨比哪里了不起？

《了不起的盖茨比》
作者：斯科特·菲茨杰拉德
译者：邓若虚
出版社：南海出版公司

从广州回来的火车上，读完了《了不起的盖茨比》。像许多声誉正隆的作品一样，我知道这本书并不是因为我读了它，而是因为我总是听到它。它出现在课本里，出现在其他人的谈话中，出现在电影院……它一出场总是星光熠熠，让人不想靠近。但是，读完之后，你会发现，噢，原来它确实了不起。

我后来知道，名声并不重要，不论是好的名声，还是坏的名声，一本书，或者一部电影，抑或是一个人，总要靠自己去看，去接触，去发现，才能下定论（或者永远不能）。众声喧哗的时代，提升自己的品位，形成自己的价值观，尤为重要。

回到《了不起的盖茨比》，这是一本篇幅不长的小说，菲茨杰拉德在1925年写完这本书时，“一战”已经结束，“二战”还未发生，全美国都处于一种喧闹的繁荣之中，后来我们都知道有一个词叫“美国梦”。用自己的奋斗去获得金钱和成功，并且这一切都是可能的，这就是美国梦。

《了不起的盖茨比》用小说的方式存档了那个时代。在这本书里，作者创造了一个普通的美国中西部年轻人和他的梦，以及梦的破碎。

这个年轻人叫盖茨比，他爱上了一个上流社会的姑娘黛西，社会阶层的差距，让他们无法在一起。于是他努力奋斗，终于成了富豪，荣归故里，渴望找回黛西和他的爱情。可惜这时黛西已经嫁人，嫁了一个属于她的阶层的人物，盖茨比试图夺回她，但是没有成功，女孩并不仅仅是他梦里的那个女孩，现实比他想象的还要严酷。

一个讽刺性的事件让盖茨比死于非命，他被误杀了，一切都结束了，女孩继续过着她的生活，而这一切，都如同一个梦，一个反射着五彩光晕的泡沫，现在，它碎了。

一开始，我以为这是一个爱情故事，结束之后，才发现，它讲的和爱情无关，而是一种人生根本性的难题，亦即，人生的徒劳感。

从现实主义的层面上来看，《了不起的盖茨比》通过生动并且精练的描写，构筑了一个水晶球，水晶球里上演着一出悲剧，这悲剧是个人性质的，同时也包含着时代的内涵，这或许是评论家看重这本书的原因，因为它精致，形式上完美，并且可以代表一个时代，而文学史，总是需要一个个可以代表时代的人物，菲茨杰拉德因此被选中了。

但是，普通读者所以深爱这本书，与文学史无关。他们不在乎一本书的标本意义，不在乎那些精练的场景捕捉到的那个时代的特征：夸大、无聊和乏味。

一本书在多年之后仍然拥有广泛的读者，光靠评论家是不行的，历史地位是一回事，被人阅读是另一回事。在我看来，《了不起的盖茨比》所以了不起，是因为它道出了许多人的焦虑——它让人看到出人头地是可能的，也让人看到出人头地并不能解决所有问题。那道绿光不仅仅是爱情，而且是一种依靠和慰劳，得到它，就好像是有一个人拍拍你的肩对你说："你做的一切都是值得的。"

盖茨比以为得到黛西便可以找到这份价值，但是不能，故事的结尾是盖茨比被误杀，如果故事不这么写，盖茨比真的找回了黛西，结局又会怎样呢？他的那道绿光，未必就能把握在手中，它还是会在彼岸。

我们许多人，都走在这场旅途中。所以这个故事才如此吸引人，在一个爱情故事的外壳之下，是我们所有人不知所措的内心。

菲茨杰拉德自己的人生，与这个故事有着奇妙的联系，毫无疑问，他也像盖茨比一样，追寻着自己的梦，但最后，他也没能保存住它。菲茨杰拉德出生于1896年，家庭不算巨富，也不很穷，他热爱幻想，自尊心强，渴望长大后成为足球明星，或者大作家。1913年，他进入普林斯顿大学，但是成绩并不怎么好，最后未能完成学业，在战争打响后，应征入伍，和盖茨比一样，他在这时爱上了富家女珊尔达。他的第一部小说出版并不顺利，以至于他们的婚约未能如期履行。

1919年，菲茨杰拉德终于出版了第一本书《人间天堂》，这是一本青春主题的小说，以他自己在普林斯顿大学的经历为蓝本。这本书卖得很好，两年间再版十二次。菲茨杰拉德因此顺利娶到了珊尔达。关于菲茨杰拉德和珊尔达的故事，深受文艺青年的喜爱，因为这是一对互相毁灭型的恋人。

菲茨杰拉德为了应付高昂的生活开销，不停地写稿，写他自己都看不上的短篇小说，去好莱坞做编剧。而珊尔达在1930年精神崩溃，被诊断为精神分裂症，此后并未好转。菲茨杰拉德得到了他想要的，名声、读者和他爱的女人，但是，他并不幸福。如果盖茨比得到了黛西，他会幸福吗？我们无法知道这个答案，因为在菲茨杰拉德笔下，盖茨比已经死去了，带着他的梦，一起死去了。

穿越语言的迷雾，读《洛丽塔》

《洛丽塔》
作者：弗拉基米尔·纳博科夫
译者：主万
出版社：上海译文出版社

一

《洛丽塔》是纳博科夫最有名也最受争议的一部作品。很多人对书中的“色情”内容感到不满，从1955年到1982年，此书先后在英国、阿根廷、南非等国家遭禁。

我先简单复述一下这个故事。故事的主人公是一个叫亨伯特·亨伯特的中年男人，他在性方面只对九到十四岁的女孩中的某些“性感女孩”感兴趣。有一年，他到乡下休养，租住在一个寡妇家里，他迷上了寡妇十二岁的女儿，成天幻想着和她进一步接触。

为了进一步他的欲念，他和寡妇结婚，并在寡妇意外去世后，控制了小姑娘。“洛丽塔”是他给她取的昵称。他强奸了她，但她也依赖了他。他们在为期一年的全国旅行后，于美国东部安顿下来。亨伯特仍然严格控制洛丽塔的交友和生活，因为担心和嫉妒，此后他又安排了另一场旅行，但洛丽塔中途逃走了。

此后几年，亨伯特一面和一位叫里特的女人一起生活，一面沉湎于对洛丽塔的回忆。突然有一天，他收到了洛丽塔的一封信，信中称呼他为爸爸，并告诉他自己已经结婚并怀孕，请求他资助几百块钱。他找到了洛丽塔，与她见了一面，并且弄清了当年带走洛丽塔的是奎尔蒂——一个像他一样的色鬼。他找到奎尔蒂，开枪打死了他，然后，他在狱中写下了这本书。

二

如果你看过这本书就会知道，读完这本书并不会使你感到满足，不论是悲伤还是兴奋，统统没有。

只有困惑。

我准备在接下来的文字中迎击这些困惑，我并不肯定能达到目的。但，我们开始吧。

最大的困惑是：作者的意图是什么？在这个老男人和小女孩故事里，作者站在哪一边？这是一个爱情故事吗（很多读者是这么看的）？

对此，纳博科夫在一篇关于《洛丽塔》的文章中避而不答，他声称："着手写一本书的时候，并没有别的目的，只想这本书脱稿。"这当然是所有作者一贯的态度，如果一个作者写出一本书后还要配一本小册子来详解这本书到底讲了什么，未尝不是一种讽刺。

不过纳博科夫还是透露了一点，他说："我最初感到《洛丽塔》的轻微脉动是在1939年末……依照我能记起来的，最初灵感的触动在某种程度上是由报纸的一条新闻引起的。植物园的一只猴子，经过一名科学家几个月的调教，创作了一幅动物的画作；画中涂抹着囚禁这个可怜东西的笼子的铁条……就是这些思绪，产生了我现在这部小说的蓝本。”

曾经，这部小说有一个长达三十页的俄文短篇版本。在那个短篇的小说里，老男人和女孩都在，但情节并不复杂，和《洛丽塔》类似，老男人和女孩的妈妈结婚，然后在女孩的母亲去世后企图在一家饭店的房间里诱奸这个孤儿，但未得逞。于是，这个老男人撞向一辆卡车，被轧死在车轮底下。

这就是这个故事的第一个版本，后来纳博科夫不满意，把它销毁了。但是，我们还是可以从这个故事梗概，以及那个猴子的新闻看出一点什么。从猴子的新闻里，我们可以看出《洛丽塔》故事中的控制模式，以及纳博科夫对猴子（洛丽塔）的同情。从那个被销毁的故事梗概里，我们可以从老男人（日后的亨伯特）的自杀看出一些端倪，他在诱奸未成之后选择自杀，是恐惧还是悔恨？或者兼而有之？

对此，我们可以引用《巴黎评论》对纳博科夫的访谈来试图弄清这一点。在访谈中，访问者说：“你深感亨伯特·亨伯特与洛丽塔的关系是不道德的。而在好莱坞和纽约，四十多岁的男人同比洛丽塔大不了多少的女孩发生关系屡见不鲜，即使结婚也不会引起什么公愤，顶多是公开的嘘声罢了。”

对此，纳博科夫回答："错，不是我深感亨伯特·亨伯特与洛丽塔的关系不道德；是亨伯特自己。他在乎，我不在乎。我压根不管什么社会道德观，美国也好，其他任何地方也好。话说回来了，四十多岁的男人跟十几岁或者二十出头的女孩结婚，跟《洛丽塔》扯不上任何关系。亨伯特喜欢'小女孩'，不光是'年轻女孩'。'小仙女'指的是还是孩子的女孩，不是少女明星，也不是性感小妮子。亨伯特遇到洛丽塔的时候，她是十二岁，不是十八岁。你也许记得，洛丽塔满十四岁时，亨伯特口中的她已是他那'老去的情妇'。"

这段话很重要，透露了不少信息。第一，纳博科夫指出，亨伯特认为自己与洛丽塔的关系不道德，并且他很在乎。由此，可以推导出，在之前那个梗概里，老男人撞向卡车是因为自己对不道德的负疚，这种负疚感也存在于《洛丽塔》中的亨伯特身上。第二，关于年龄的强调可以看出，纳博科夫认为亨伯特和洛丽塔的关系与好莱坞的那些花边新闻不同，洛丽塔还是个孩子。

根据上面纳博科夫的话，基本可以判定《洛丽塔》并不是什么爱情故事，某些读者一厢情愿地将自己带入亨伯特的角色，指责洛丽塔引诱了亨伯特，只能印证该读者自己的心理。也说明，纳博科夫的小说是多么具有迷惑性，他对于文本的控制力实在太强。

三

那么这本书到底是讲什么呢？

我们回到那个被销毁的短篇。那个故事的灵感，来源于猴子被调教控制，但是，在那个故事中，纳博科夫并没有主要去写“猴子”（女孩），而是写控制者（老男人）强奸未遂自杀。从一开始，纳博科夫就对控制者感兴趣，整部《洛丽塔》也是亨伯特的自白。

但是在《洛丽塔》里，亨伯特不再是会因道德愧疚而自杀的平面人物，他相貌英俊，刻薄自负，成功强奸并控制了洛丽塔。他认为自己不道德，但同时又非常善于为自己辩护。正是这一点，使亨伯特比那个销毁了的故事中的老男人更复杂，某种程度上也更可恶，更可悲。只有看到亨伯特的恶，他偶尔的悔恨，以及他虚伪的辩护，才能看到完整的亨伯特。

我们可以先看一看亨伯特的辩护手法：

第一种，找前人的例子证明自己所作所为并不是了不起的恶事。这一点在洛丽塔出场之前（洛丽塔在六十页才出场），亨伯特就不止一次援引但丁与比阿特利斯、彼特拉克与劳丽恩的关系来证明自己的正当性。

第二种，暗示洛丽塔也不是什么好货。我想引用下面这一长段话，里面既有援引其他人的例子，也有暗示洛丽塔本身放荡的语句："根据罗马法的规定，一个女孩子可以在十二岁结婚，教会采用了罗马法的这条规定，而且在美国某些地方仍然心照不宣地受到奉行，如果一个四十岁的粗野放荡的汉子，经过当地牧师的祝福，又喝了一肚子酒，脱下他那已被汗水浸透的华丽衣衫，把他的阳物猛地插到他那年轻的新娘的体内，两个半球上的居民都会认为这并没有什么不对……我只不过顺应自然。我是自然忠实的猎狗。那么，为什么我不能摆脱这种恐惧呢？我夺去了她的花蕊了吗？陪审团敏感的女士们，我甚至都不是她的头一个情人。"

听！他说他自己只不过是顺应自然而已。然后请看最后一句，他的意思是洛丽塔在他之前已经有情人了，并不是什么好女孩，所以他做的这些并不算罪大恶极。

亨伯特的辩护手法是高明的（或者也可以说纳博科夫的写作手法是高明的），并且本书完全是以亨伯特的第一人称视角进行叙述的，我们没有哪怕一分钟离开过亨伯特的思维，不要说钻进洛丽塔的脑袋里了解她的想法，甚至连洛丽塔和其他人的谈话都看不到，我们根本不了解洛丽塔，读者早已和亨伯特绑在了一起。而我们一不小心，就会被亨伯特洗脑。

亨伯特对此可以算是高手，亨伯特强奸完洛丽塔后的第二天，在车上花了三页纸的篇幅来给洛丽塔（也是给读者）洗脑。

第一步，先表示自己的正当性，他对十二岁的洛丽塔说："西西里人把父女之间的两性关系当作一件理所当然的事加以接受，而具有这种关系的姑娘也不会遭到她所身处其中的社会的非难。我十分佩服西西里人呢。"

第二步，暗示洛丽塔不在法律被保护范围之内。"就在前几天，我们从报纸上看到一篇关于一个中年道德犯的信口雌黄的文章，他违反了《曼法案》，出于不道德的目的，把一个九岁的姑娘运送到州界以外而供认有罪。多洛蕾丝宝贝！你并不是九岁，而是快十三岁。我可不会劝你把你自己看作我横越全国的奴隶。"

第三步，暗示洛丽塔如果报了警，并不会有好下场。"要是你向警方报告说我拐骗了你，强奸了你，那会发生什么？

让我们假定他们信了你的话……我会去坐牢，行啊，我就去坐牢。可是你怎么办呢？我的失去父母的孩子？”说了这些冠冕堂皇的话之后，接着又告诉洛丽塔那样她将会被送到感化院，而那里有多么悲惨。

他就是这么唬住洛丽塔的，而在前一天晚上，他给她下了药，迷奸了她。当然，具体的性爱过程，书里没有写出来，而没有具体的描写，并不代表不存在。但对于某些读者来说，他们似乎也被亨伯特给唬住了，完全相信了他的话。

以上并不是急着要给亨伯特定罪，而是确定一点，亨伯特并不是一个可信的叙述者。他确确实实是有罪的，并且十分擅长为自己辩护。但有时，他也会流露出悔恨的感觉。

比如，在他说那段话唬住洛丽塔之前，曾有过这么一段心理活动：“这是一个失去父母的孩子。这是一个孤苦伶仃的孩子，一个完全无家可归的儿童，而一个四肢粗壮、气味难闻的成年人那天早上竟然劲头十足地跟她干了三次……从某种意义上说，这确实做过了头。”

是的，他没有说，“我”确实做过了头，而是说“那个成年人”，这也是他逃避自己的一贯做法。他常常用“亨伯特”来形容自己，而不是说“我”，这造成一种形容他人的假象，可以帮助他躲过自己的负疚心理。

比如这句："她刚低下头，把褐色的头发垂到我坐的那张书桌前，嘶哑的亨伯特就可耻地仿效有血缘关系的亲属之间所做的动作，用一只胳膊搂住了她。"这是他自己的描述，可是他好像把自己摘出去了，从另一个角度来复述这件事。

亨伯特的叙述极富迷惑性，正如纳博科夫在接受《巴黎评论》采访时说的那样，"亨伯特·亨伯特是一个虚荣、残忍的坏蛋，却让自己看上去很'感人'"。

如果读完《洛丽塔》却没有穿越语言的迷雾看出亨伯特"是一个虚荣、残忍的坏蛋"，那就表示你中招了。

但同时，《洛丽塔》并不是为了给亨伯特定罪，告诉大家他有多坏，而是充分站在他的立场来讲述这个故事。事实上，在大多数情况下，"猴子们"都是没有话语权的，现实中我们可能也会听到很多像亨伯特一样的人所说的话，而那时候，你是否可以看穿？

我同意阿扎尔·纳菲西在《在德黑兰读〈洛丽塔〉》里的看法，她认为纳博科夫通过对亨伯特的描写，"揭发了所有侵占他人生命的唯我主义者的行径"。不过，纳博科夫并不是批判地去写的，他包容了一切，尽管他知道亨伯特是个大坏蛋，还是让亨伯特为自己说话。

最后，我想引用卡尔维诺的一句话，他说："经典作品是这样一些书，我们越是道听途说，以为我们懂了，当我们实际读它们，我们就越是觉得它们独特、意想不到和新颖。"《洛丽塔》就是一本这样的书。

小镇焦虑

《小城畸人》
作者：舍伍德·安德森
译者：刘士聪
出版社：人民文学出版社

一

关于舍伍德·安德森，最有名的可能是他的死。海明威用一把手枪结束了自己的生命，但是安德森却因为一根牙签而命丧黄泉。1941年，六十四岁的舍伍德·安德森在一次宴会上误吞下一根牙签，几天之后，他感到腹部不适，被医生诊断为腹膜炎，不久离世。

安德森的死亡，似乎让他的作品也受到冷落，当时人们将全部的精力都放在了战争上，战争结束了，大家顺便也把安德森忘了，直到几十年后，这位伟大的小说家才重新被发现，而那时他的传人海明威、福克纳已经成为美国文学的英雄。他已经不再流行。

但是，毫无疑问，安德森是伟大的，是他第一次打入了小说人物的内心世界，将短篇小说从欧·亨利式的技巧结构中拯救出来，他将时代的气氛注入了小说之中，用一个小镇记录了现代来临之时，人们的失落、烦恼、欲望和孤独。

菲茨杰拉德曾对他的编辑麦克斯·珀金斯说："他（舍伍德·安德森）是时下用英语写作的最优秀作家之一。"尽管他的传人海明威和福克纳都曾和他闹翻，但是在他去世后，福克纳还是这样写道："他是我们这一代作家的父亲。"海明威也说："他是我们所有人的老师。"

二

舍伍德·安德森1876年出生于美国俄亥俄州的克莱德

镇，是个穷苦人家的孩子，父亲是一个破产的马鞍制造商，母亲据说是个契约女奴。安德森只断断续续地上过学，十二岁就开始到处打工，他当过报童，给房屋漆过油漆，还担任过养马夫。

短暂的参军后，他回到老家并结了婚。在岳父的帮助下，他经营着一家油漆制造厂，并且业绩不错。可是有一天，他干了一件邪门的事，就像毛姆在《月亮与六便士》里写的那样，安德森离开了家庭、事业和生活。他跑到芝加哥，准备献身文学。

几年之后，安德森出版了最初的两本小说《麦克弗森爱说废话的儿子》和《前进中的人们》，但是，真正让他名声大噪的还是《俄亥俄州的瓦恩堡》，又译作《小城畸人》。

这是一本短篇小说集，但是小说和小说之间并不是决然相隔的，它们共同构造了一个瓦恩堡镇，人物从这一篇串到那一篇，就像在真实的镇子上发生的那样，所有人都互相认识，而所有人都各有秘密，等着被讲述和发现。

苏童有一本小说集叫《香椿树街故事》，写的是一个南方城市里的街道，里面住着的人和他们的生活。我仍然记得那些潮湿的、暧昧的、情欲的和焦躁的故事，苏童用文字建立了一个内在统一的地方，这和福克纳在构建约克纳帕塔法县时所做的一样，而这种结构，莫不出于舍伍德·安德森的《小城畸人》（或许还应该追溯到《都柏林人》），他率先通过对一个地方坚持不懈地开掘，为虚构赋予了更真实的力量。

三

《小城畸人》是一本非常适合当代中国人看的书，因为，他所处理的主题，我们仍在面对：固有的价值正在消失，一个崭新的世界正在到来，所有东西都在变化之中，个人无法安宁，到处都是冲动和欲望，再也没有稳定和长久，仿佛人的一生注定孤独，仿佛外面的世界充满了意义，而许多人都被时代抛下，不得不失落在不留情面的时间里。

整本书中，几乎每一篇都会出现一个叫乔治·威拉德的年轻人，他今年十八岁，是镇上新威拉德旅馆主人汤姆·威拉德的儿子，正在《瓦恩堡之鹰》当记者，他希望未来能够成为一个作家，而现在，他正在踌躇要不要离开镇子，随便到哪一个城市里去。

我很喜欢名为《母亲》的这篇小说，写的是乔治的妈妈，伊丽莎白·威拉德。这位中年妇女和她的丈夫关系并不好，就像福楼拜笔下的包法利夫人一样，她几乎一结婚就后悔了，在漫长的后半生中，她将重心放在了儿子身上。可是，她与儿子的关系也很尴尬，他们坐在一起时不知道聊什么，她想要表达关心，但是总是显得胆怯、寡言，生怕惹儿子不高兴，她希望儿子变得优秀，但又不希望他太成功。

她害怕孩子的爸爸占有了他，害怕儿子从她的世界里消失，连带着带走她生命的意义。她总是小心翼翼地竖起耳朵聆听儿子房间里的动静，像一只惴惴不安的母鸡。要知道，在她年轻的时候，曾经也是一位意气风发的少女，她有着“演员梦”，渴望到城市里去生活，但是最终，她困在小镇里。

这是不是像极了我们自身的经验，也许你也有一个这样的母亲，一个不知如何是好的女人，一个渴望生活却又不曾生活过的女人。

在倒数第三篇《死》中，安德森又将视角放在了伊丽莎白的身上，在这篇小说里，我们再一次走进伊丽莎白的世界，了解她的失落。她的父亲曾经给了她八百块钱，她把钱藏在房间的墙角，计划着有一天这些钱可以帮助她逃走。她本想把这笔钱留给乔治，他出去城市时可以用得上，但是她还没来得及说出这个秘密就死了。

和伊丽莎白一样，属于镇子里衰老一方的还有很多人，有着一双巧手的比德尔鲍姆，成天渴望被乔治采访然后写出一本书的帕西瓦尔医生，像猴子一样的电报员沃什·威廉斯，从纽约回来的老男人伊诺克……

他们都属于凋敝的一方，他们已经失去了生活的热情，被意义摧残，只剩下孤独。

另一边，还有着跃跃欲试的年轻人。最突出的当然是乔治·威拉德，与他同列的，还包括银行家的女儿海伦·怀特，还有他的一个朋友赛思·里奇蒙，他们共同的困惑是，“为什么一点事也不发生呢？”

时代的气氛已经让人感觉到有一个更大的世界存在，有一些更重要的意义。但是为什么他们的生活里没有出现呢？这很沮丧，很令人挫败。

在《思想者》中，赛思的个性表现无遗，他是一个不善言语的年轻人，他看不惯镇上的人成天就知道夸夸其谈，他想冲破桎梏，到外面的世界去，可是最后他放弃了。

海伦·怀特是赛思·里奇蒙爱慕的对象，也是乔治·威拉德喜欢的女孩，她是银行家的女儿，正在城市里读大学，她的妈妈说，镇子上没有一个人能够配得上她。在《走向成熟》里，乔治和海伦交换了关于成长的困惑，他们的未来不在瓦恩堡，他们是属于外面的世界的。

最后一篇《离去》，乔治终于离开了镇子，他要去都市里闯荡了，那就是另一个故事了。会有一天，乔治满身疲惫地回到瓦恩堡，但是再也找不到生活的意义吗？也许会有那么一天，但也许他会在城市里占据一席之地，谁知道呢。

这个时候，在乔治准备上车的当口，破旧旅馆的主人汤姆·威拉德对儿子说了最后几句话："精明点，小心你的钱。要留神，不要让别人认为你好骗。"

读到这里，我心里一震，当我拖着箱子离开老家的时候，我爸爸几乎跟我讲了一模一样的话。书读完了，小镇还在那里，那里还留有欲望勃发的凯特教师，那个窥视着凯特的牧师，那个等待着情人而情人终不归来的女孩爱丽丝……

在时代的洪流下，最稳定的小镇也受到浸染，席卷全球的现代化，谁也逃不掉。唯希望乔治能有一个好的结局。

《百年孤独》写了什么？

《百年孤独》
作者：加西亚·马尔克斯
译者：范晔
出版社：南海出版公司

一

《百年孤独》写了什么？

如果有人问你这个问题，你会怎么回答？

你是否能够快速准确地将你读到的东西表达出来？也许你会说这本书写了一个家族七代人一百年的故事，话是没错，可是这和你读到的这本书还有很大差距。

到底是什么样的故事呢？你开始回忆，你记得第一代布恩迪亚创建马孔多的光辉历史，你记得吉卜赛人带来的磁铁和望远镜，你记得曾经发生过一场莫名其妙的失眠症，下过一场连绵不绝的大雨，你记得有很多混乱的性关系，有数不清的私生子，你记得第二代布恩迪亚上校参加过一场又一场战争，最后成为一个独裁者，你还记得有一个女孩吃土，有一个女孩飞天，有一个女孩老死不嫁，你记得发生的一切都曾被预言，而最后一代布恩迪亚果然长了一条猪尾巴。

你可能还记得更多的细节，但是很难，很难把它们拼凑成一个有着开头、发展、高潮、结局的故事。因为它比这要大，它是由很多很多故事组成的，就像一条由无数溪流汇成的大河，你难以把握它，只能感受它。

并且，你必须投入全部的精力去感受，你必须不睡觉，一口气把它读完，虽然读完之后已经忘了大半，但是非如此不可。一旦中断，就很容易半途而废，因为事件密度太高，时间在故事中飞快流逝，你很容易读着读着便不知今夕何夕。另外，作者故意让所有布恩迪亚家族的男人们共用一个“名字”，倘若不趁着记忆力清晰的时候读完，很快就会被他们搞晕而读不下去了。

这里出现一个问题，为什么作者要让所有布恩迪亚共用一个名字？

这个问题又引出另一个问题：到底谁是主角？如果有那么多相同名字的人物，那么，谁是主角？

是第一代建立马孔多的布恩迪亚吗？他最后被绑在树下，在故事还未到中段的时候死掉了。是奥雷里亚诺·布恩迪亚上校吗？这本书第一句话里他就出现了，但是就连他也没有活到最后。那么是乌苏拉尔吗？毕竟只有她几乎贯穿了整本书，但是她并没有参与书中的主要事件，反而更像是一个旁观者，看着一代代布恩迪亚不停地“作死”。

那么，主角是谁？

回答这个问题之前，我们不妨回到马尔克斯二十二岁的时候。二十二岁的马尔克斯是一个穷小子，刚刚辍学，做记者，私下里写小说。这个时候发生了一件事情——他妈妈跑来找他，带他回阿拉卡塔卡卖房子。

阿拉卡塔卡是位于哥伦比亚加勒比海地区的一个小镇，要卖的房子是他外公的老宅。马尔克斯出生于这个宅子，并在这里长大。小时候，父母不在身边，马尔克斯是由外公外婆带大的。这段童年经历对他来说相当重要，但是很长一段时间里，他把这一切都忘了。

这次短暂的旅行让他想起了一切，也帮了他的大忙，他是这么说的："去阿拉卡塔卡的那次旅行，在我身上真正发生的事情是：我认识到我童年所遭遇的一切都具有文学价值，我认识到我想成为一名作家，没有人可以阻拦我，而留给我要做的唯一一件事情，便是试图成为这个世界上最好的作家。"

他终于不用再写那些实验小说了，他找到了自己的宝藏——阿拉卡塔卡，他的家族。这就是《百年孤独》的主角，并非一个具体的人，而是由布恩迪亚家族为代表的马孔多，是时间在这片土地上留下的痕迹。

读《百年孤独》好像读《圣经》，他的书写感觉不像是在讲述一个故事，而是写下历史。马尔克斯一代一代地忠实记录每一个布恩迪亚的生命轨迹，从创世，到灭世。读完全书，令人升起一种崇高的感觉，这是很多现代小说所做不到的。正是因为马尔克斯的真正用意并不是要写出某一个布恩迪亚的不朽功勋，而是要展现出这一张完整的百年画卷，所以，整本书并不围绕某一个人打转。

但是，这也不足以说明，为什么马尔克斯非要让布恩迪亚家族共用名字?

要回答这个问题，就要去探究马尔克斯要记录的那片土地的真实历史了，也就是拉丁美洲的历史。从殖民地到各国独立，一场又一场战争，一个又一个独裁者，拉美似乎受了诅咒一般，不停歇地动乱、战争，让它没有真正消停过。

而布恩迪亚家族的所有男人，都在不断地轮回，做着重复的事情。我们搞不清楚拉丁美洲到底发生了什么，就像我们也搞不清楚布恩迪亚家族里这些男人们为什么一个个都如此相似，好像带了某种宿命。

是的，仿若宿命。在《百年孤独》里，当故事走到结尾，我们才发现，原来每一个字都已经写在了纸上，发生的一切早已被决定。

但是，小说的结局并不一定是现实的结局。马尔克斯写下的这部小说，无论是历史，还是预言，至少让我们发现了一件事情，就是孤独百年的那片土地。

二

上面说了一大通《百年孤独》写了什么，但我最感兴趣，或者说，每一个读者最先被吸引的，还是马尔克斯的语调，他说故事的方式，他的风格。

最有名的开头已经被引述了无数遍：“多年以后，面对行刑队，奥雷里亚诺·布恩迪亚上校将会回想起父亲带他去见识冰块的那个遥远的下午。”这个句子里，时间异常复杂。首先是讲述的时间A，其次是面对行刑队的时间B，然后还有见识冰块的那个下午C。

关键是“多年以后”和“将会”这两个词。如果没有这两个词，句子就变成“面对行刑队，奥雷里亚诺·布恩迪亚上校将会回想起父亲带他去见识冰块的那个遥远的下午”，这就是一个简单的倒叙。有了这两个词，一切都变得不确定起来，没有人可以确定时间A到底是哪一个点，即使你读完整本书，你也搞不清楚。于是，随着第一个句子开始，整个故事就进入到一种不确定的状态里，于是，一切都可以发生。

紧接着第二个句子，也魅力十足：“那时的马孔多是一个二十户人家的村落，泥巴和芦苇沿河岸排开，湍急的河水清澈见底，河床里卵石洁白光滑宛如史前巨蛋。世界新生伊始，许多事物还没有名字，提到的时候尚需用手指指点点。”

第一次读到这个句子，就觉得美得不行。但是仔细一想，怎么可能？“许多事物还没有名字，提到的时候尚需用手指指点点？”难道这是原始社会？

这当然不是原始社会，如果非要给它加上一个现实的时间坐标，大概在十九世纪。可是，马尔克斯就这么写了。他这么写了，我们都这么信了。这是除了时间魔法之外的，另外一重魔法。

这种魔法，大概是从卡夫卡那里学来的。《变形记》的开头：“一天早晨，格里高尔·萨姆沙从不安的睡梦中醒来，发现自己躺在床上变成了一只巨大的甲虫。”人人都知道一个人不可能变成甲虫，但是作者这么说了，我们就这么信了。小说中的真实和现实中的真实不是一回事，在小说的世界里，作者拥有绝对的控制权，关键点是作者要无比自信，毋庸置疑地说出不可思议的句子，只要这样，一切都是可以发生的。

马尔克斯在接受《巴黎评论》采访时，还透露了另外一个让魔法生效的办法。“如果你说有一群大象在天上飞，人们是不会相信你的；但是如果你说有四百二十五头大象在天上飞，人们大概会相信你。《百年孤独》满是那一类东西。”

简单地说，就是让不可思议的事情具体化。在处理美人雷梅黛丝飞天的那个场景中，马尔克斯做了一件事情让这一切变得可信，他让美人雷梅黛丝使用了床单。一个人凭空飞起那一定是说谎，但是一个人坐着床单飞走了，就不那么难以接受了。

在马尔克斯迷人的、从他外祖母那里学来的讲故事的语调中，小说仿佛有了《一千零一夜》的那种古老意味，读者不做任何要求，不傲慢，也不心急，只接受文本给出的一切，享受它，感受它。

正如开头所说，《百年孤独》是不太适合复述的，你只能自己去感受，并且，每一次重读，感受都有所不同，它是那种可以读很多遍的书。至于家谱，实际上并没有那么重要，重要的是你愿意相信，并跟随作者的声音，直至世界末日。

迷人的博尔赫斯

《博尔赫斯全集》
作者：豪尔赫·路易斯·博尔赫斯
译者：王永年　林之木
出版社：上海译文出版社

一、记不住的名字

语言的障碍是如此巨大。

读翻译小说时，那些难以辨认的人名和地名，一次次提醒我的身份——一个闯入者、一个外人。我不知道这是否只是我的困难，我很少从别人那里听到关于这一问题的发言，他们似乎能够轻而易举地进入别国作家的文本，而我却要难办得多。

最明显的例子来自马尔克斯的《百年孤独》，布恩迪亚上校我勉强还能记得，但要说出其他人物的名字，如果不去翻书，就很困难了。名字是理解一个人的开始，如果我们不能说出一个人的名字，就很难说真的认识他。我想，读《百年孤独》的混沌感，可能与我无法记住那么多奇怪的名字有很大关系。

读博尔赫斯，我再一次面临这种困难。

博尔赫斯是一个博学的人，他的家中有数千册藏书，他十几岁的时候就会好几种语言。他的祖母是英国人，所以他会说英语；他家里人用西班牙语交流，所以他会说西班牙语；在他十五岁的时候，因为学校里的功课是用拉丁文和法文教授，所以他又学会了这两种语言。

同期，由于喜欢叔本华，他还自学了德语。他学习德语的经过让人惊异，他没有靠什么教材，而是买来一本英德字典，加上歌德的《浮士德》和康德的《纯粹理性批判》。当然这两本太难读了，后来他选用了海涅的书，等到他的德语水平提高到一定程度后，就开始一遍一遍地读叔本华的原著。

他晚年还学习过古英语和古斯堪的纳维亚语。

一种语言就是一个世界，显然，博尔赫斯的世界比常人丰富得多，他跨越了这些障碍，得以吸收全世界最好的知识和文学（可惜他不会中文）。

他的眼光是开阔的，他的小说里看不出一点地域性，他的故事一下发生在布宜诺斯艾利斯，一下发生在美国，一下发生在欧洲，他没有那种扎根于土地而生出的一种历史性的连接（比如《百年孤独》），相反，他的作品是凌空的，飞旋于头顶，如同一朵朵云。

具体到文本，则是一个又一个陌生难念的人名和地名，它们首先迷惑了我。在读完博尔赫斯几乎所有的小说后，我也说不上来哪怕一个主人公的名字，他们的故事模模糊糊地存在于脑海里，就像镜中的影子。

二、啄人眼珠的乌鸦

博尔赫斯开创了一种独特的小说文体，不同于之前的写实主义传统，也不同于现代派小说路数。他的小说中不含有经世的企图，也不热衷于钻入人物的内心世界。他醉心于一种纯粹的乐趣：想象的乐趣（思维的乐趣），以及说故事的乐趣。

关于想象力的乐趣，他发明了很多专属于他的意象，比如说镜子、迷宫、百科全书。他用这些意象来繁衍一些哲学问题，诸如世界是否是实在的，有没有一个可以涵盖一切的真理，以及对于时间、永恒等问题的思考。

此一部分是人们热衷于谈论的博尔赫斯，他们着迷于作者搭建的迷宫，不论是小径分岔的花园，还是通天塔图书馆，或者阿莱夫。它们炫目、精彩、令人赞叹。此前从来没有人这样写故事，他几乎以一己之力拓宽了小说的边界，给文学游戏带来了一种新的玩法。

关于说故事的乐趣，他从小就听祖母讲祖先的英雄事迹。终其一生，他都热爱史诗，喜欢收集各种民间故事。他当然也读现代小说，但是他从这些古老的故事中汲取了更多养分，并且把它们用到了小说创作里。在这些故事中，他着迷于英雄事迹、勇气、决斗、羞辱这样的主题。

关于他说故事的方法和能力，范晔在一篇文章里引用了奥古斯都·蒙特罗索对博尔赫斯的评论，说得十分准确：博尔赫斯善于制造惊异，但不像卡夫卡从开篇就让甲虫出现，而是善于将读者引入其彀中而不自知（直到被啄出眼珠）。

我们往往是在最后一页才被击中，然后故事就这么结束了，眼珠也已被挖走。之后的章节我们会谈到这一点。

三、为恶棍留名

《恶棍列传》是博尔赫斯的第一本小说集，出版于1935年，那一年他三十六岁。

这本小说集是他对于故事这一古老题材的初步尝试，在博尔赫斯的一次采访中，他讲述了自己开始写小说的缘由——一场大病。

病情很严重，他担心自己再也不能写诗了。等到恢复过来之后，他就试着写一些文章和诗，但是他害怕写不好，那样自己就废掉了，所以他转而尝试一些没有写过的体裁，这样就算写得不好，也没有关系，因为本来就没有写过。

他写的第一个短篇小说叫《〈吉诃德〉的作者皮埃尔·梅纳尔》，收录在《小径分岔的花园》那个集子里。

好了，现在我们回过头来看《恶棍列传》。老实讲，这本书里的大部分篇章都算不上小说，而是对一些民间故事的重述。在现代小说中，作者往往贴着人物写，而在这些故事里，作者和人物离得很远。博尔赫斯在这里几乎从不涉及人物的内心世界，不解释任何一个决定的动机，而只描述情节。

整本书中的所有故事都使用同一个模板：一种疏离的故事梗概式的复述。

《女海盗郑寡妇》写的是中国嘉庆年间的一个女海盗郑寡妇。郑寡妇本来不是寡妇，她的丈夫是海盗头子，由于准备接受朝廷的招安而被下属杀死，于是郑寡妇当选为新的海盗首领。她很有领导才能，定下严格的制度，使海盗事业大兴。嘉庆下令征讨，郑寡妇带领海盗们与朝廷水师打了一仗，大获全胜。但是后来由于一则“龙和狐狸”的寓言，她向朝廷投降，得到了朝廷的特赦。她晚年走私鸦片，那时候已经不叫郑寡妇了，叫“慧光”。

以上就是《女海盗郑寡妇》的故事。有什么道理要讲吗？没有。有什么余味吗？好像也没有。

《无礼的掌礼官上野介》则是比较有意思的一篇，因为故事本身很有张力。故事发生在日本，1702年暮春，显赫的赤穗藩主奉命接待天皇的使者，因为接待事大，不容出错，所以派了一个掌礼官来打前站。这个人就是题目所说的上野介，他大摆架子，拿腔拿调，还让藩主给他系鞋带，由此产生冲突，藩主在上野介的脸上留下了一个刀疤，并被判切腹自尽。

藩主死了之后，他的武士们流连于妓院，佯装轻狂，好像忘了旧仇，实际上是为了使上野介放松警惕。终于，武士发动攻击，将上野介活捉，命他剖腹，但上野介听不进这个建议，武士们只得砍了他的脑袋。

到这里，故事还没完。大仇报了，武士们带着上野介的头颅回到藩主的坟墓祭拜。因为杀人，朝廷让武士们自杀，于是他们也在藩主的墓旁切腹了。

《恶棍列传》中的故事好不好看，大体和故事本来的素质有关。《女海盗郑寡妇》的情节本来就很粗疏，也没有什么道德感染力。《无礼的掌礼官上野介》因为复仇故事的原型，加上日本特有的武士精神，则别有一种气质。

其余的故事，大体也与上面两则相仿，唯有一篇例外。这篇名为《玫瑰角的汉子》，是一篇真正的小说，讲的是一个关于勇气的故事，运用了不可靠叙事的手法，让读者在最后一句才恍然大悟，噢，原来“我”才是杀人凶手。这篇小说里的元素，诸如刀剑决斗，在他日后的许多小说中以不同的面貌反复出现，是博尔赫斯小说的一个母题。关于这一主题，埃德温·威廉森在《博尔赫斯大传》里的说法是博尔赫斯小时候在学校里经常受到欺负，父亲为此递给他一把短刀，这使他感到羞辱。这种羞辱感伴随着博尔赫斯的一生，他也把这种羞辱感写进了很多小说。在接受《巴黎评论》的采访时，被问道为什么会有这么多关于决斗主题的作品，他坦言："也许是因为我自己不很勇敢。"

四、侦探小说爱好者

《恶棍列传》出版的那一年，博尔赫斯开始写一些关于"永恒"的文章，这些文章谈到的话题离现实世界非常遥远，很不好懂，出版之后几乎没有引起任何反响。到那年年底，这本书总共只卖出了三十七本。

这三十七位购买《永恒史》的读者中有一个年轻作家，名叫阿道夫·比奥伊·比萨雷斯。此前，他与博尔赫斯曾在一个午餐聚会上相识。当时博尔赫斯三十二岁，比奥伊·比萨雷斯才十八岁。年龄差距并没有阻碍他们的交流，他们坐在一个角落里，热切地谈论他们喜欢和不喜欢的作家。

1935年的冬天，他们的友情进一步加固，当时博尔赫斯在比奥伊的农场待了一周左右的时间。由于他们都是侦探小说迷，博尔赫斯提议他们可以合作写一个侦探小说，此后，他们以这种方式写了很多故事和电影剧本。

1937年，比奥伊开始写一本新小说。三年后，书写成了，名字叫《莫雷尔的发明》，讲述一位流浪者在一座沙漠荒岛上遇到一群人，最后发现他们是一台机器所产生的全息像。这部小说让比奥伊一举成名，小说也成为拉美文学史上的名作。

与此同时，博尔赫斯也开始写出了属于自己的小说，1941年，《小径分岔的花园》出版。1944年下半年，他又出版了一本包含了六个新故事的小说集《杜撰集》。这两本书后来以合集的形式出版，基本代表了博尔赫斯小说的特色。

《小径分岔的花园》中最著名的当然就是与书同名的这篇小说。这是一篇侦探小说，如前所述，博尔赫斯非常喜欢侦探小说，他曾说："在这个属于我们的喧闹时代中，有一种东西非常低调地保持着经典的美德，那就是侦探小说。"在《杜撰集》中，博尔赫斯的另一个名篇《死亡与指南针》也是侦探小说。

我们下面就先来看看这两篇小说。

五、时间的迷宫

在序言中，博尔赫斯写道："《小径分岔的花园》是侦探小说，读者看到一桩罪行的实施过程和全部准备工作，在最后一段之前，对作案目的也许有所察觉，但不一定理解。"

这正是侦探小说的美德：有开头，有中间，有结尾。读者可以感受到故事的魅力和魔力。不过，《小径分岔的花园》显然不是常规意义上的侦探小说，因为在犯罪过程中，作者加入了相当大分量的关于哲学问题（时间问题）的探讨，它延宕了罪案的发生，同时使小说变得丰富迷人起来。

故事是这样的：一个中国人（余准）在"一战"时期为德国人做间谍，他获得了一个重要情报，他必须把这个情报传递给德国军方，让他们对英国炮兵阵地艾伯特进行轰炸，但是与此同时，他被发现了，一个名为马登的上尉正在追击他。

如何在被抓到之前将情报传递出去？他想到了一个办法（当然这个办法是到最后才揭晓的），他在电话簿上找到一个叫艾伯特的人，他们此前并不认识，但他现在准备去把他杀掉。这样一来，死者的名字见报，柏林方面必会有所察觉。

对于侦探小说来说，这确实是一个好点子，悬念一直保持到了最后。但故事在主人公进入艾伯特的房间时发生了变化，整个叙事节奏开始变得迂回，时间好像停滞了。艾伯特是一个汉学家，他的研究对象是古代的一个云南总督彭寂，彭寂是个传奇人物，晚年抛弃一切，宣布要写一部小说，以及要盖一座迷宫。人们都以为这是两件事情，但艾伯特发现，这是一件事，迷宫通过他留下的残稿表现出来。

一开始，艾伯特思考怎样的一本书才能成为无限（这个问题在《沙之书》那篇小说里，博尔赫斯给出了另一种答案），他认为只有一种情况，那就是循环不已，周而复始，书的最后一页和第一页雷同，然后没完没了地延续下去。但在掌握了一些线索之后，他发现，彭寂不是这么做的，他并没有让空间循环，而是让时间分岔。在一般小说中，人物总是做一种选择，并在这一选择的结果中继续下去，但在彭寂错综复杂的小说中，主人公选择了所有的可能性。

我记得比目鱼写过一篇虚拟书评，评价的是一个作家的系列作品，这位作家每年都出一本书，大体是同样的故事，但是在一些关口，主人公做了不同的抉择，于是，人物的命运也发生了变化。这个创意也许正是来自博尔赫斯。时间是一张错综复杂的网，我们只是偶然存在于时间的一瞬。

艾伯特的话说得更明白:“您的祖先(彭寂)和牛顿、叔本华不同的地方是他认为时间没有同一性和绝对性。他认为时间有无数系列，背离的、汇合的和平行的时间织成一张不断增长、错综复杂的网。由互相靠拢、分歧、交错或者永远互不干扰的时间织成的网络包含了所有的可能性。在大部分的时间里，我们并不存在；在某些时间，有你而没有我；在另一些时间，有我而没有你；再有一些时间，你我都存在。目前这个时刻，偶然的机会使您光临舍间；在另一个时刻，您穿过花园，发现我已死去；再在另一个时刻，我说着目前所说的话，不过我是个错误，是个幽灵。”

最后，当艾伯特说完所有的话，我们还沉浸在这个分岔的迷宫中时，马登到了，“我”抠响扳机，艾伯特当场死亡。

在这个故事里，艾伯特的死，恰恰说明了时间的分岔，以及可能性的无限。如果不是被追击，如果不是电话簿上先找到这一个艾伯特，一切都会大有不同。

六、傲慢的死者

《死亡与指南针》是另一篇侦探小说，虽然里面充满不好念的名字，但故事流畅，几乎就是一个纯粹的侦探小说。

一个连环杀人案，已经有三个人死去。在他们死亡的地方都出现了一行句子，第一个死者的打字机上写的是“名字的第一个字母已经念出”，第二个死者附近写的是“名字的第二个字母已经念出”，第三个死者身旁则留有“名字的最后一个字母已经念出”的字样。

故事的主人公是一个侦探，名叫伦罗特，他有一种傲慢，试图靠纯粹的推理来找出凶手。三个死者分别死在城北、城东、城西，三处案发地在地图上正好形成一个等边三角形。虽然第三个死者身旁已经写有“名字的最后一个字母已经念出”的字样，但他知道，还有最后一起谋杀即将发生，那个地方在城南，在地图上与其他三处正好形成一个完美的菱形。

他去了，那是一幢老旧的别墅，然而他非但没有抓住凶手，反而落入了陷阱。原来凶手杀人根本不为了什么神秘的教义，只是为了引伦罗特上钩。伦罗特曾经逮捕了他的弟弟，他现在所做的一切，只是为了报仇。在第一个偶然的案件发生之后，他发现伦罗特正在往犹太教的神秘教义方向寻找线索，便设下了这个迷宫。最后，伦罗特成了第四个死者。

这篇小说和《沙之书》中的一个故事在模式上十分相像。

那篇小说叫《贿赂》，写的是两个大学教授之间的微妙关系，教授A为了让教授B选择他得某个奖，做了一件匪夷所思的事情，他写了一篇批评教授B的长文章，然而意外的是，教授B果然选择了教授A。原来教授A利用了教授B的虚荣，他知道自己的攻击反而会让教授B陷入抉择，如果不选择A，就像是报复，而教授B希望自己看起来是正直的。这和凶手利用伦罗特的傲慢把他引入陷阱，几乎如出一辙。

七、博尔赫斯着迷的

《小径分岔的花园》一书中，《通天塔图书馆》代表了另一类博尔赫斯所着迷的主题：寻找包含一切的真理。在这篇小说里，几乎没有情节，通篇都是叙述。作者把宇宙比作图书馆，而“我”希望找到一本“全书”——包含所有其他书的书。在《阿莱夫》中，他找到了，那是一种叫阿莱夫的东西，一个圆点，可以看见所有的所有。在《沙之书》中，有一本会无限增加的书，永远找不到第一页，也翻不到最后一页，也许那也是一本“全书”。

《环形废墟》代表了博尔赫斯着迷的另外一个主题：对自

身存在的怀疑。这个故事，说的是一个人发现了自己其实只是别人梦中的人物，也就是说，自己是虚构的。这样的创意如今已经见诸许多科幻题材的故事。

《特隆、乌克巴尔、奥比斯·特蒂乌斯》和《赫伯特·奎因作品的分析》是另外一种博尔赫斯喜欢干的事情：虚构的虚构。用他自己的话来说，是写“假想书的注释”，也就是说，为不存在的书写注释，通过注释触摸“假想”的故事，而不直接写出来。

《杜撰集》中，我非常喜欢《博闻强记的富内斯》这篇小说，故事讲的是一个可以记住一切的人，他虽然可以记住一切，但是却不能思考，因为不具备抽象的能力。关于这个故事，博尔赫斯说，是对长夜失眠的隐喻。确实，失眠时，记忆就像潮水一样涌来，永不停歇。这个故事与《阿莱夫》那个集子里的《永生》有某种关联。那是一个非常迷人的故事，讲一个流浪者寻找永生之城，最后找到了，却发现是一个空城，而附近看起来毫无文明可言的穴居人竟然是永生城的主人。著名的科幻电影《这个男人来自地球》很可能借用了这个创意，从而创造出一个永生人的形象，在整个历史长河中游荡。

永生者没有死亡，就像富内斯不会遗忘一样，这让他们痛苦。“任何事情不可能只发生一次，不可能令人惋惜地转瞬即逝。对永生者来说，没有挽歌式的、庄严隆重的东西。”

八、最　后

不知道发生了什么，《阿莱夫》之后二十年，博尔赫斯没有再出版过小说集。直到1970年，已经七十一岁的博尔赫斯出版了《布罗迪报告》，1976年，《沙之书》出版。

我喜欢博尔赫斯晚年的这两个集子。特别是《布罗迪报告》，据博尔赫斯自己讲，这个集子几乎是“现实主义的”，在这个集子里，有许多已经写过的情节再一次出现（比如说决斗）。

人们热衷于关注纯粹幻想的那个博尔赫斯，在迷宫和镜子里，发现不曾发现的世界。那确实是一个迷人的领域。不过，博尔赫斯不只有一面，他是诗人、文论家、小说家，在小说领域内部，也常常将触手伸向不同的领域。

博尔赫斯深知一点——小说就是小说。他可不光是个拿小说来思考的哲学爱好者，他是真正的小说家。他懂得叙事的技巧，善于制造悬念和惊异，他吸收科幻和侦探小说的元素，将史诗和民间故事的传奇性融入自己的小说里。难怪人们称他为“作家的作家”，因为不管是哪一种写作者，都能从他那里得到养分。

读博尔赫斯的小说，最大的收获是获得读故事最原始的快感，虽然他在讲故事的方法上立意创新，但实际上，他的作品中常常有一种古典的意识，一种《一千零一夜》那样古老文体的感觉，让人幸福，安静。

后　记

图书在版编目（CIP）数据

冒犯经典 / 魏小河著 . -- 北京 : 生活书店出版有限公司 , 2017.7
ISBN 978-7-80768-204-2

Ⅰ . ①冒… Ⅱ . ①魏… Ⅲ . ①书评 – 中国 – 现代 – 选集 Ⅳ . ① G236

中国版本图书馆 CIP 数据核字 (2017) 第 154224 号

策划人 邝 芮
责任编辑 邝 芮
内文摄影 唐宁书店
封面设计 罗 洪
责任印制 常宁强

出版发行 生活書店出版有限公司
（北京市东城区美术馆东街22号）
邮 编 100010
经 销 新华书店
印 刷 北京顶佳世纪印刷有限公司
版 次 2017年9月北京第1版
2017年9月北京第1次印刷
开 本 787毫米×1092毫米 1/32 印张8.125
字 数 150千字 图40幅
印 数 00,001—20,000册
定 价 42.00元
（印装查询：010-64059389；邮购查询：010-84010542）